SERIES

ILLUMINATI

VOLUMEN 4
NUEVO ORDEN
MUNDIAL

Moisés Rojas

INDICE

PREFACIO

"**E**n la política nada sucede por accidente. Si sucede, usted puede apostar que así se planeó". **Franklin Deslano Roosevelt**.

"La actual ventana a la oportunidad para que quizás un orden mundial interdependiente y verdaderamente pacífico se construya, no estará abierta durante mucho tiempo. Estamos al borde de una transformación global. Todo lo que necesitamos es una gran crisis y las naciones aceptarán el nuevo orden mundial".
David Rockefeller

"Se requiere un nuevo orden mundial para manejar la crisis del cambio climático".
Gordon Brown

"Aquellos que se oponen al nuevo orden mundial son terroristas". **Henry Kissinger**

"Mucha gente tiene la sensación de que alrededor del mundo el viejo orden no aguanta, y aún no estamos donde necesitamos estar en términos de un nuevo orden basado en principios diferentes". **Obama**

Este libro ha sido investigado por Moisés Rojas con el propósito de ir más allá de lo que nos cuenta la historia actual y su historia oculta. Y contiene información jamás antes publicada en el dominio público.

CAPÍTULO 1

¿Qué es el nuevo orden mundial?

"El Nuevo Orden Mundial", es el control global, caracterizado por un solo gobierno, un solo poder, una sola religión, una sola moneda.

La expresión "nuevo orden mundial" se usa para referirse a un nuevo período de la historia, cambios dramáticos en las ideologías políticas y en el equilibrio de poderes. La mayoría de los miembros que conforman este grupo son personas muy poderosas e influyentes, banqueros adinerados, los mejores líderes políticos y la élite del tejido empresarial, barones del petróleo, y alta gente gestionada por grandes corporaciones multinacionales y la industria farmacéutica.

La Familia Real de Inglaterra, es decir, la reina Isabel II y la Casa de Windsor, (que son, de hecho, los descendientes de la rama germana y austriaca de la realeza europea, la familia de Sajonia, Coburgo, Gotha, Windsor), son representantes de alto nivel que controlan los estratos superiores del Nuevo Orden Mundial.

Los centros para la toma de decisiones de este esfuerzo se encuentran en Londres (en especial la City de Londres), Suiza-Basilea y Bruselas (sede de la OTAN).

Políticos importantes usan el término.

Este término Nuevo Orden Mundial (en inglés New World Order) ha sido también utilizado por numerosos políticos a través de los siglos, y es un término genérico utilizado para referirse a esta conspiración mundial orquestada por un grupo muy poderoso e influyente de organismos y que incluye a muchas de las personas más ricas del mundo, los principales líderes políticos, y la élite empresarial, así como los miembros de la llamada Nobleza Negra de Europa (dominada por la Corona británica de las casas bávaras Illuminati), cuyo objetivo es crear un mundo totalitario y fascista, despojado de los límites nacionalistas y regionales, que sea fiel a su agenda. "Hoy Estados Unidos estaría indignado si tropas de la ONU entraran en Los Ángeles para restaurar el orden, pero mañana se lo agradecerían si existiera una amenaza exterior que amenazara nuestra misma existencia. La única cosa que todos temen es lo desconocido. El gran hermano no dudará en usarnos como carnaza como si fuéramos un mero sacrificio en pos de su gobierno mundial junto a su nuevo orden. Henry Kissinger, conferencia Bilderberg celebrada en Evians, Francia en 1991.

Henry Kissinger
Premio Nobel de la Paz

Otras familias importantes

Algunas de las personas más poderosas de los Illuminati pertenecen a un selecto grupo de monarcas. Los Rothschild han jugado un papel fundamental en la conspiración bancaria durante cientos de años. Ellos financiaron la Revolución francesa, así como los dos lados de la guerra civil americana. Las familias Chase, Morgan, Krupp, De Veers, Rosthchild, Carnegie, Ford y Rockefeller son algunas de las otras familias poderosas encargadas de los aspectos financieros de la conspiración.

No es casualidad que estas familias también operan enormes organizaciones "filantrópicas" que gobiernan la vida de los individuos bajo el disfraz de la caridad y tienen grandes cantidades de dinero y materiales preciosos que superan a veces los trillones a través de paraísos fiscales y testaferros en una trama financiera muy compleja lo cual hace difícil ponerle cara en revistas como Forbes o medios de comunicación ya que no están en los radares de las hacienda (el fisco) tanto en Europa como en América.

UNA DIVISA MUNDIAL

Una divisa digital, en principio, le parece lo más probable y el dinero elegido por este grupo del Nuevo orden mundial. El Euro ayudó a consolidar a muchas naciones europeas y otras siguen su curso en la manera que desean los generales y amos del NOM.

UNA RELIGION MUNDIAL

Durante diferentes etapas de la historia de la humanidad y a través de miles de años ha habido una religión dominante y durante la época de este nuevo orden mundial no va a ser muy diferente tampoco.

De una manera u otra la ciencia actual parece ser la nueva religión elegida por los líderes ocultos del NOM. Los principales líderes del NOM son lo suficientemente inteligentes como para darse cuenta de que la mayoría de las personas se oponen a un gobierno global. Esto es por lo cual los gobiernos regionales son la norma hoy en día. Estos buscan el surgimiento de bloques regionales como la Unión Europea, la Unión Africana, el Tratado de Libre Comercio de América del Norte, la Organización del Tratado del Atlántico Norte, y la Unión de Naciones Suramericanas, para orientarlos poco a poco, hacia un Gobierno Mundial.

UNA EDUCACION MUNDIAL EN DECLIVE

Los amos del NOM controlan la educación, los medios de información o mejor dicho aún, la manipulación que le llega a los jóvenes tanto a través del internet de Hollywood, en formato tipo prensa o los canales televisivos o de TELEVi-SioN. Este es el caso de implantar e inculcar desinformación o ideas para poder implementar su des-ORDEN Mundial, como utilizan a los presidentes Americanos que son meros señuelos y actores para despistar al publico de sus planes reales como Ronald Reagan que fue el cuadragésimo presidente de los Estados Unidos desde 1981 a 1989. Antes de su presidencia, él sirvió como el gobernador número 33 de California desde 1967 hasta 1975, después de una carrera como actor y líder sindical en Hollywood. No es un secreto que el periodismo sensacionalista ha hablado acerca de la fascinación de Ronald Reagan con la astrología y la vida extraterrestre durante mucho tiempo, a pesar de que los principales medios nunca le dieron mucha importancia por el tema, la verdad es que Ronald Wilson Reagan se convirtió en el primer presidente de los Estados Unidos en hablar públicamente sobre la posibilidad de una invasión alienígena.

Esto fue durante un discurso ante las Naciones Unidas en 1987. Hacia el final de su discurso en la cuadragésima segunda reunión del 21 de septiembre de 1987, el Presidente dijo que, "en nuestra obsesión con los antagonismos del momento, a menudo olvidamos lo mucho que une a todos los miembros de la humanidad. Tal vez necesitamos un poco de una amenaza ajena a todos nosotros que nos haga aunar fuerzas bajo la unión de una gran coalición planetaria. "Creo que de vez en cuando", continuó Reagan, "la rapidez con nuestras diferencias en todo el mundo se desvanecería si nos estuviéramos enfrentando una amenaza alienígena de fuera de este mundo. "¿No está una fuerza ajena YA entre nosotros?" Y, sin embargo, me pregunto "El Presidente ahora trata de retirarse de la última declaración audaz al plantear una segunda pregunta:" ¿Qué podría ser más ajeno a las aspiraciones universales de nuestros pueblos que la guerra y la amenaza de la guerra? Antes de convertirse en el presidente de los Estados Unidos, Ronald Reagan era gobernador de California, y en una ocasión, afirmó haber visto un OVNI. Ronald y su esposa Nancy viajaban a una cena informal con amigos en Hollywood. Los invitados llegaron puntuales, con la excepción de Reagan que llegó media hora más tarde. Cuando se le preguntó por qué había llegado tarde Reagan respondió que habían visto un ovni sobre la costa de los Ángeles. Llámalo como quieras, pero algunos creen que el ex presidente Ronald Reagan pidió ayuda de Mijaíl Gorbachov, que fue el octavo y último líder de la Unión Soviética, para luchar contra una invasión alienígena que amenazaba a todo el planeta durante una cumbre de paz en Ginebra en 1980.

El propio Gorbachov confirmó la conversación en Ginebra durante un importante discurso el 17 de febrero de 1987, en el Palacio del Kremlin en Moscú, al Comité Central del Partido Comunista de la URSS.

En nuestra reunión en Ginebra, el presidente de Estados Unidos, dijo "Si la tierra se enfrentase a una invasión extraterrestre, los Estados Unidos y la Unión Soviética unirían fuerzas para repeler una invasión de tales magnitudes".

"No voy a discutir la hipótesis, aunque creo que es pronto todavía para preocuparse por tal intrusión..." **Mijaíl Gorbachov**

¿Orden Mundial Extraterrestre?

"Piense en lo fácil que sería nuestra tarea, si de repente se presentase gente de otro planeta y amenazase a los habitantes de la tierra. Entonces, olvidaríamos las pequeñas diferencias locales y culturales que tenemos entre nosotros y de una vez para siempre nos daríamos cuenta de que todos somos seres humanos y que tenemos que vivir juntos aquí en esta Tierra de todos."

Ronald Reagan
Presidente de EEUU

George Orwell
Escritor, Poeta, Reportero

La educación se centrará mayoritariamente, en adoctrinar a la gente a hacer tareas complicadas o sencillas pero extremadamente especificas y a seguir a las órdenes de sus superiores que a la vez son encargados o gestores de una corporación global más grande y gestionada por una élite. Las escuelas son progresivamente prisiones o lugares parecidos a factorías con sus respectivas bocinas o campanas que anuncian la hora de la lección y recreo, y los profesores repetirán lo mismo que sus padres abuelos y otros antes que ellos repetían a sus alumnos durante la época de franco en plan memorización y sin razonamiento crítico, en plan adoctrinamiento con un enfoque en la nueva religión global científica y tecnocrática a la vez que un gobierno global de buenismo y corrección política. 1984 de George Orwell con más tecnología y sofisticación pero hecho realidad.

Eliminacion de la propiedad Privada

La meta del Nuevo orden mundial es el destruir la propiedad privada. La gente libre, con individualidad y derechos concedidos desde que uno nace y mucho antes al nacimiento de cualquier civilización, normalmente son propietarios de su territorio, parcela o finca, pero los esclavos no pueden tener propiedades. El NOM por tanto incluirá control a las propiedades y fincas utilizando al gobierno.

Eliminación de la Familia

La familia y su rol, es principal para no solo la evolución de la humanidad y su propia inmortalidad, sino como derecho que todo el mundo debe disponer. Quiere ser disuelta por el NOM y sus planes. Los esfuerzos del NOM es reemplazarla por el estado, incluso aquellos que reivindican sanamente la liberación de sus derechos sexuales y de género también serán controlados por el NOM, dichos movimientos los "conspiranoicos" afirman que son creados para destruir el modelo de familia cristiano, pero no es así, realmente cualquier modelo que se pretenda instaurar aunque sea sano, el NOM intentará destruirlo e intentará que nos enfrentemos los unos a los otros, ese es el triunfo del NOM, que no seamos solidarios los unos con los otros como debe de ser. Todos seamos como seamos en una única familia cósmica.

Eliminación de la Auto defensa

El NOM ha dejado bien claro que la ciudadanía no solamente no tiene derecho a defenderse o reivindicarse, sino que además el NOM posee todas las armas para anular al ciudadano de a pie. Cada década es más difícil que exista otra nueva Revolución Francesa. Ese poder se perdió hace mucho tiempo.

Eliminación de la privacidad

Se está implantando la huella digital de la cual no podremos escapar a menos que estés en Europa donde sí parece que la unión Europea parece tomárselo en serio. Si estás en USA, estás vendido.

La privacidad esta deteriorándose con el surgimiento del internet y redes sociales cada vez más. La meta del NOM es saber lo que hace uno en cada momento y cómo, además de almacenar a todos en una gigantesca base de datos bajo tierra en fibra óptica. En el futuro incluso como sucede con el DNI, Habrá huellas del propio ADN planean incluso implantar un chip y esto está ya siendo una realidad.

Control de los recursos

Los recursos naturales es una moneda de cambio del NOM. Al controlar la escasez de recursos o hacerlos escasos, la gente tiene que depender del NOM para obtenerlos.

Estado Policial de Control

La estructuración de un estado policial o ley semi marcial es un arma intimidadora del gobierno mundial que aumenta en regulación y recursos para parar cualquier protesta.

CAPÍTULO II

¿QUIEN ES QUIEN EN EL NUEVO ORDEN MUNDIAL?

"Algunos incluso creen que nosotros (la familia Rockefeller) somos parte de una cábala secreta que trabaja contra los intereses de los Estados Unidos, caracterizando a mi familia y a mí como 'internacionalistas' y de conspirar con otros alrededor del mundo para construir una estructura global más integrada política y económicamente: un mundo, si se quiere. Si ese es el cargo, soy culpable, y estoy orgulloso de ello".

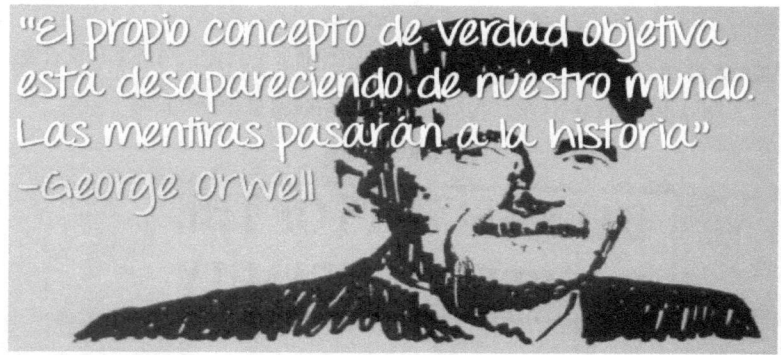

"El propio concepto de verdad objetiva está desapareciendo de nuestro mundo. Las mentiras pasarán a la historia"
—George Orwell

-David Rockefeller, en "Memorias", pg. 405.

"La crisis en el Golfo Pérsico ofrece una única oportunidad para movilizarnos hacia un periodo histórico de cooperación. Después de estos tiempos problemáticos, un Nuevo Orden Mundial puede surgir, en el que todas las naciones del mundo, del este y del oeste, del norte y del sur, puedan prosperar y vivir en una convivencia armoniosa que debe nacer".

-**George Bush**, en un documento enviado en septiembre de 1991 al Congreso titulado:

"Hacia un Inminente Nuevo Orden Mundial".

Nació un 25 de Junio, **Eric Arthur Blair.** Este nombre seguro no les suena, pero si les hablo de su pseudónimo, seguramente lo reconocerán al instante. Hablo de **George Orwell**, uno de los escritores británicos más brillantes de la historia. Periodista, ensayista y novelista, Orwell tiene hasta una calle en Barcelona por luchar contra los fascistas durante la guerra civil junto a los españoles. En su obra prolífica y extensa, destacan sus novelas "*Rebelión en la granja*" y "*1984*" son sus trabajos más reconocidos, en los cuales, su poderoso mensaje prueba una visión profética sobre el totalitarismo y la libertad humana. Su obra ha calado tan hondo en la sociedad occidental, que el adjetivo orwelliano es bien reconocido como sinónimo de lo que puede ser el *nuevo orden mundial*.

SOCIEDADES SECRETAS

Como una tela de araña, el NOM se desglosa en muchos niveles o capas. Cada vez que uno se acerca a la capa más alta y menos visible o a la cúspide de esta pirámide la identidad de los jefes está guardada en el más profundo secreto y repleta de misterios...

El NOM empezó a coger carrerilla hace más de 250 años. Durante este periodo con la fundación de la fundación el 1 de mayo de 1776 de los *Illuminati* por el filosofo, ideólogo y jesuita **Adam Weishaupt.** El método de Weishaupt era ganar poder en la sociedad para infiltrarse en las logias masónicas ya existentes en esa época a través del engaño y la ocultación en Europa y someterlas bajo el control de los Illuminati. A partir de este momento se percibe una gran expansión de ideas y revoluciones en incremento hacia nuestros días, que nos dan la falsa sensación de que el gobierno tiene bajo control la seguridad y libertad, y aunque creemos que funciona de esta manera, no sabemos exactamente cómo funciona el mundo, y por lo tanto no somos tan libre como en un principio creíamos. En los niveles más altos del NOM tampoco somos capaces de discernir cuales sociedades secretas específicas son las que manejan el cotarro y como ciertos personajes operan bajo cortinas de humo y múltiples espejos. Cuando vemos en los medios a personas que creemos ser muy importantes estas suelen ser meramente peones del NOM.

OPERAN DESDE EL ENGAÑO Y LA OCULTACION

En una frase apostillaba Weishaupt "Es preciso establecer un régimen de dominación universal, una forma de gobierno que se extienda por todo el planeta. Es preciso conjuntar una legión de hombres infatigables en torno a las potencias de la Tierra, para que extiendan por todas partes su labor siguiendo el plan de la orden."

El entramado Illuminati:

Bavarian Illuminati, Jesuitas, Nobleza negra, Rosicrucianos, Atonistas, la orden del sol, La gran hermandad de la serpiente, el priorato de Sion, Opus Dei, El gran concejo de los druidas, El consejo satánico de los 13, Rito de la estricta observancia templaria, La gran hermandad blanca, los desconocidos superiores.

En 1992, el Dr. John Coleman publicó **"Jerarquía de conspiradores: La historia del Comité de los 300"**. Con beca de investigación meticulosa y loable, el Dr. Coleman identifica cuidadosamente a los jugadores y los detalles de la agenda del Nuevo Orden Mundial para la dominación y el control en todo el mundo. En la página 161 de la jerarquía de conspiradores, el Dr. Coleman resume con precisión la intención y el propósito del Comité de los 300 de la siguiente manera:

Un Gobierno Mundial y una unidad del sistema monetario, en virtud permanente de no elegidos oligarcas hereditarios que se auto-seleccionan de entre sus números de la misma forma que un sistema feudal en la Edad Media. En esta entidad One World, la población debe ser reducida por restricciones en el número de hijos por familia, enfermedades, guerras, hambrunas, hasta 1.000 millones de personas que sean útiles para la clase dominante, en las zonas que serán estrictamente y claramente definidas, siendo esta la población total del mundo.

No habrá clase media, sólo los gobernantes y los servidores. Todas las leyes serán uniformes en un sistema legal de los tribunales del mundo practicando el mismo código unificado de leyes, respaldada por una fuerza policial del Gobierno Mundial y un ejército unificado del Gobierno Mundial *para hacer cumplir las leyes en todos los países, donde no existen las fronteras nacionales. El sistema será sobre la base de un estado de bienestar, aquellos que sean obedientes y serviles al Gobierno Mundial, serán recompensados con los medios para vivir, **los que son rebeldes, simplemente se morirán de hambre o serán declarados fuera de la ley**, por lo tanto un objetivo para cualquiera que desee matarlos. **Armas de fuego de propiedad privada o armas de cualquier tipo estarán prohibidas.***

El autor Fritz Springmeier en *"Los 13 linajes Illuminati"*: **Astor, Bundy, Collins, DuPont,   Freeman, Kennedy, Li, Onassis, Reynolds, Rockefeller, Rothschild, Russell, Van Duyn)** dice que la mayoría de la gente ha construido unas *"diapositivas"* en las que el circuito es un corto proceso mental de un examen crítico cuando se trata de ciertos temas sensibles.

Estas *"diapositivas"*, informa Springmeier, es un término de la CIA para un tipo de respuesta condicionada con callejones sin salida en el pensamiento de una persona y termina el debate y el examen del tema en cuestión. Por ejemplo, la mención de la palabra "conspiración" a menudo se solicita una respuesta de diapositivas con muchas personas.

Lo que mucha gente cree que es "opinión pública" es en realidad un guión diseñado cuidadosamente y propaganda para obtener una respuesta deseada del comportamiento del público. Encuestas de opinión pública son realmente tomadas con la intención de medir la aceptación del público a los programas previstos del Nuevo Orden Mundial. Un buen resultado en las urnas les dice que la programación es "tomar", mientras que una mala actuación le dice a los manipuladores del Nuevo Orden Mundial que tienen que rehacer o "ajustar" la programación hasta que la respuesta sea la deseada.

Raramente se ha revelado públicamente que el colonialismo está basado en una agenda oculta cuidadosamente custodiada. Este movimiento de la aristocracia inglesa, de lanzar un imperio fue el comienzo de una nueva fase en la historia de la "Raza Serpiente". Señalizaba el comienzo de la edad moderna. La más tardía Edad de la Iluminación y la subsecuente Edad Industrial fueron también etapas a lo largo del camino, cada una definida por el avance en la tecnología y el genocidio.

La reina Isabel II y la Casa de Windsor, (que son, de hecho, los descendientes de la rama alemana de la realeza europea – la familia de Sajonia-Coburga-Gota o Güelfa que cambió el nombre por el de Windsor en 1914), son jugadores de alto nivel en la oligarquía que controla los estratos superiores del Nuevo Orden Mundial.

El de las Naciones Unidas, junto con todos los organismos que trabajan bajo el auspicio de la ONU, como la

Organización Mundial de la Salud (OMS), son jugadores a tiempo completo en este esquema. Del mismo modo, la OTAN es un instrumento militar del Nuevo Orden Mundial.

Los líderes de los principales países productores, como Estados Unidos, Inglaterra, Alemania, Italia, Australia, Nueva Zelanda, etc. (los miembros del "G7/G8") se activa a plena cooperación a los participantes en esta conspiración. En este siglo, el grado de control ejercido por el Nuevo Orden Mundial ha avanzado hasta el punto de que sólo ciertos individuos elegidos a dedo, que son cuidados y seleccionados, son aún elegibles para convertirse en el primer ministro o presidente de países como Inglaterra, Alemania, Reino Unido o Estados Unidos.

No importaba si Bill Clinton o Bob Dole ganaban la presidencia en 1996, los resultados hubieran sido los mismos. Ambos estaban jugando para el mismo equipo del NOM para el mismo superclub de la élite. Hay sin embargo una excepción con Donald Trump en la actualidad ya que su único candidato promotor del NOM está en el bando demócrata, solo esta vez, y es una mujer que ha sido dirigida por sus amigos y dueños los Rockefeller, Rothschild y company desde Europa, ni más ni menos que Hillary Clinton, la cual, puede fallarles debido a su falta de carisma, honestidad política, energía y sus brotes de gripe y neumonía que ha tenido recientemente.

Trump es un billonario narcisista y superpatriota de los de antaño, parecido al legendario productor y primer billonario estrafalario Howard Hughes,

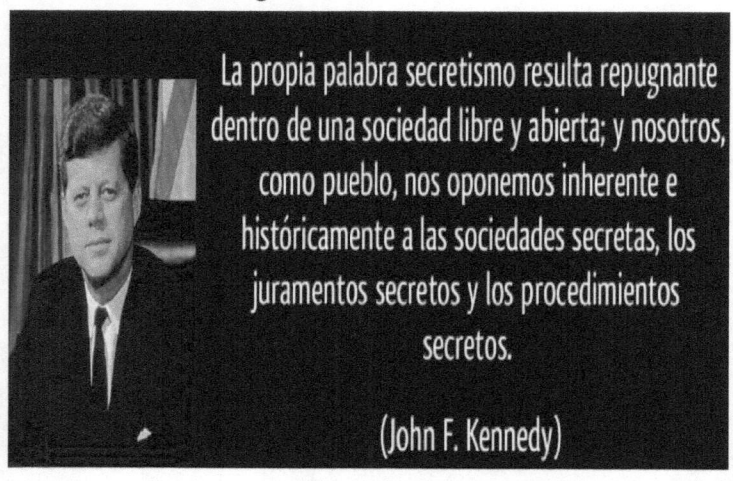

La propia palabra secretismo resulta repugnante dentro de una sociedad libre y abierta; y nosotros, como pueblo, nos oponemos inherente e históricamente a las sociedades secretas, los juramentos secretos y los procedimientos secretos.

(John F. Kennedy)

y tiene afiliación sociedades secretas y vínculos con la típica élite. **¿Qué le puede pasar al NOM con Donald Trump? ¿Se convertirá en su pesadilla? ¿Será un líder manejable para el NOM?** Ahí quedan esas preguntas. En principio el NOM nunca creyó incluso que este Republicano billonario pasaría el corte primario… Cualquier persona que no es un jugador de equipo se les retira o lo retiran: ejemplos conocidos abundan, como el presidente Kennedy, Ali Bhutto (Pakistán) y Aldo Moro (Italia), Gadafi (Libia), Hassan Hussein (Irak), al-Ásad (Siria).

Los cuatro principales bancos: Bank of América, JP Morgan Chase, Citigroup and Wells Fargo son los dueños de las cuatro principales petroleras Exxon Mobil, Royal Dutch/Shell, BP Amoco and Chevron Texaco. Esos cuatro bancos principales también están entre los diez mayores accionistas de casi todas las compañías del índice Fortune 500.

Según fuentes solventes, la propiedad del 80% de la rama de Nueva York de la Reserva Federal, que es la rama más importante, corresponde a los Goldman Sachs, los Rockefeller, los Lehman y Kuhn Loeb de Nueva York; los Rothschild de Paris y Londres; los Warburg de Hamburgo; los Lazard de Paris; y los Israel Moses Seif de Roma.

Otra fuente cita que 10 bancos controlan las 12 ramas de la Reserva Federal, y son: N.M. Rothschild de Londres, Banco de Berlín Warburg, Banco de Hamburgo, Warburg Bank de Ámsterdam, Lehman Brothers de Nueva York, Lazard

Brothers de París, Kuhn Loeb Banco de Nueva York, Israel Moses Seif Bank de Italia, Goldman Sachs de Nueva York, JP Morgan Chase Bank de Nueva York, Los Rothschild operan en EEUU bajo la fachada de JP Morgan. La casa JP Morgan servía a los Astor, Du Pont, Guggenheim, Vanderbilt y Rockefeller. Financió la fundación de ATT, General Motors, General Electric y DuPont. En el libro volumen 2 y 3 de los Illuminati hay una interesante colección de citas de libros y datos que profundizan en el papel de estas familias desde la antigüedad hasta la depresión de 1929, la 1ª y 2ª guerras mundiales, la financiación de Hitler, el BIS (Bank for International Settlements, que parece manejar el blanqueo de capitales del tráfico de drogas internacional).

David Rockefeller jugó un papel fundamental en la construcción de las Torres Gemelas de Nueva York. Los Rockefeller son primos de los Dulles. Allen Dulles creó la CIA con asesoramiento nazi, encubrió el asesinato de Kennedy y llegó a un acuerdo con los Hermanos Musulmanes para crear asesinos de mente enajenada por medio de drogas basados en los antiquísimos hashimim o asesinos del medio este arábico.

El club de Roma, orientado a la despoblación, se fundó en la propiedad de los Rockefeller en Bellagio, Italia. La Trilateral se fundó en su otra propiedad de Pocantico Hills en el estado de Nueva York. En 1975, el vicepresidente y gobernador de Nueva York Nelson Rockefeller dijo en una entrevista para Playboy: "Soy un gran creyente en la planificación, económica, social, política, militar, planificación total mundial."

El sacerdocio del NOM

Las altas esferas de la religión tanto visible como el cristianismo, judaísmo, el islam, mormones, testigos de Jehová, budistas etc. que llamaremos aquí "el sacerdocio" han estado siempre colocados en el centro o corazón del NOM. Después de todo, las organizaciones como el vaticano poseen conocimiento acumulado de la antigüedad y planes y libros infinitos que la mayoría de ellos están ocultos en bibliotecas bajo tierra en lugares clave. Para aquellos más avanzados ya sabemos que el mundo antiguo era organizado y regido desde un punto de vista religioso y mitológico con Dios, dioses, deidades a través de varias órdenes solares primigenias que poseían conocimientos ocultos a la mayoría de los campesinos y populacho que no sabían ni leer ni escribir ni tenían tiempo de pensar por sí mismos después de arar el campo durante innumerables horas, días, semanas e incluso meses para poder sobrevivir.

Los Reyes y Reinas del NOM

Durante siglos, hemos tenido reyes, monarquías, reinas y regentes controlando al pueblo en su mayoría campesinos e ignorantes. La mayoría de nosotros, no nos hemos ni preguntado de donde viene su poder o su procedencia. Muchas de estas familias tienen una genética específica y son linajes que en principio no parecen diferir de cualquier otro mortal como tú y yo.

Sin embargo ellos mismos se miran unos a otros como superiores a nosotros e incluso superiores entre depende que pura sangre de que parte de que familia real también. Además un pequeño grupo central de realezas europeas mantiene su genética casi intacta lo que muchos desconocen o habían desconocido hasta ahora. (Caballeros y Damiselas de la orden real del Garter. Desde la Reina Isabel de Inglaterra, el Rey Juan Carlos hasta las realezas de Suecia en una fiestita real de la realeza europea Illuminati).

CAPITULO III

¿DE DONDE VIENEN LOS AMOS DEL NOM?

Los Anunnaki

Algunos autores sitúan el comienzo del Viejo hacia el Nuevo orden Mundial allá por los 4.000 mil años antes de nuestra era, cuando las primeras civilizaciones se estaban formando como por ejemplo sumeria.

¿Somos conscientes de las verdaderas razones del genocidio, y de la matanza masiva que ayudó a la colonización?

Su propósito es también uno, de significado oculto. Cuando Dee entró en comunicación con las inteligencias sobrenaturales, le dijeron que había un precio para el conocimiento que le iban a dar, un precio por la asistencia continuada a través de las edades. Las *superalmas* querían algo a cambio, y ese algo era "sangre". La sangre tiene propiedades ocultas, especialmente cuando es tomada de un inocente, asesinado en un arreglo ritual (ver Highlander y cualquiera de las películas de Drácula). Sangre es una forma de energía, y los vampiros viven de ella. La sangre es muy importante para los ocultistas. Por lo tanto, este es el énfasis que las sociedades antiguas y las jerarquías de sacerdotes pusieron, y que ahora los modernos sindicatos criminales le ponen. No es coincidencia que la palabra "Sangre" es la segunda palabra más común en la Biblia después de "Dios". ¡No hay sangre, no hay trato!

Así pues, el Maestro Dee con sus colegas y dependientes vio en esto que sus Guardianes Oscuros tendrían toda la sangre que requirieran. En su gran pacto, el puso a toda la humanidad como sacrificio para la causa de sus amos. Esta es la razón para las interminables guerras y conflictos que llenan la historia del mundo. Las guerras son precisamente rituales de sangre planeados, con todos los aparentemente lados opuestos siendo financiados por los mismos grados no vistos. (Véase Dr.Who, Estado de Decadencia).

Para proporcionar los recursos físicos y los sacrificios humanos, los Piratas (Hombres del Fuego) eran financiados por los Tudors y se dirigían a alta mar para conquistar costas extranjeras e intoxicar o asesinar y esclavizar a aquellos que encontraban. Algunos de sus hechos contienen claros patrones rituálisticos. Es un hecho que los líderes de estos Piratas eran aristócratas de la dinastía Tudor.

Uno fue llamado sugestivamente, Sir Francis Drake (Drake significa Dragón). Los piratas colonizaron América, y subsecuentemente, sus descendientes adinerados (conocidos como el Russel Trust) formaron las universidades de la "Liga de la Hiedra", para la educación de sus propios descendientes.

Las fraternidades fueron establecidas para mantener la jerarquía y el prestigio, pero también para asegurarse que solo los candidatos "correctos" llegaran hasta el sanctum interno para aprender la verdad. La fraternidad "Skull and Bones" de la Universidad de Yale es una de las tales fraternidades Faustianas.

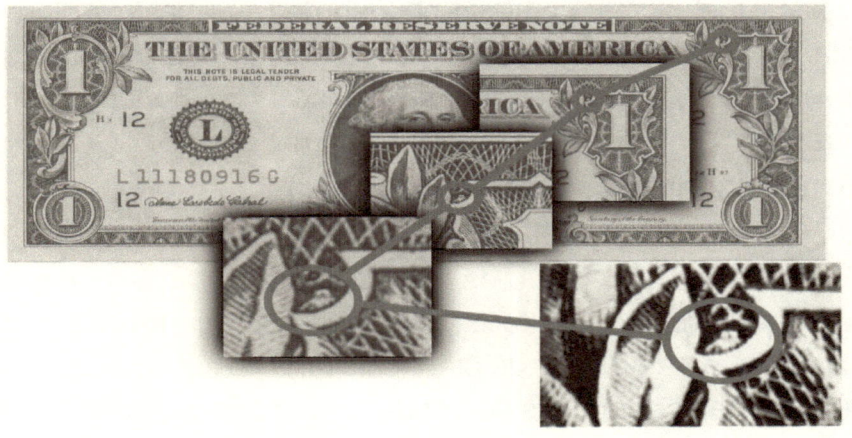

created by americaslastdays.blogspot.com

Muchos presidentes, políticos e industriales pertenecen a ella. Un Yale es un extraño animal híbrido, a menudo visto en la armería real. Otro enclave es llamado la Sociedad Bohemia (Bohemian Society) cuyo emblema es el búho. Esta   criatura aparece en miniatura en los billetes de un dólar estadounidense, y es descrito como el tótem apropiado de la sociedad secreta, porque puede "ver cosas en la oscuridad." Para más sobre este controvertido tema, véase los trabajos de Jordan Maxwell, Antony C. Sutton, Lyndon La Rouche, y Eustace Mullins. (Ver Blade Runner y la Brotherhood of the Bell.)

"El Gobierno de este país no solo tiene que tratar con gobiernos, reyes y ministros, sino también con sociedades secretas, elementos que deben ser tomados en cuenta, los cuales en el último momento pueden derivar nuestros planes a la nada, que tienen agentes por todas partes, que incitan asesinatos y pueden, de ser necesario, conducir una masacre."
(Benjamín Disraeli, Lord Beaconsfield)

"Es inútil negarlo, porque es imposible encubrir que una gran parte de Europa, toda Italia y Francia y una gran porción de Alemania, para no decir de otros países, está cubierta con una red de estas sociedades secretas, tal como la superficie de la Tierra está ahora siendo cubierta por ferrocarriles."
(Benjamin Disraeli, Lord Beaconsfield)

"La sola palabra "secreto" es repugnante en una sociedad libre y abierta; y nosotros estamos, como personas, inherente e históricamente opuestos a las sociedades secretas, a los juramentos secretos y a los procedimientos secretos. Hace mucho decidimos que los peligros de la excesiva e injustificable ocultación de hechos relevantes pesaban más que los peligros, que son citados para justificarlas."

(John F. Kennedy, abordando a editores de periódicos, 27 de abril de 1961).

"Existe un Gobierno Oculto con su propia Fuerza Aérea, su propia Naval, su propio mecanismo de movilización de fondos, y la habilidad de perseguir sus propias ideas del interés nacional, libre de chequeos y balanzas (EEUU sistema de checks and balances), y libre de la misma ley."

(Senador Daniel K Inouye)

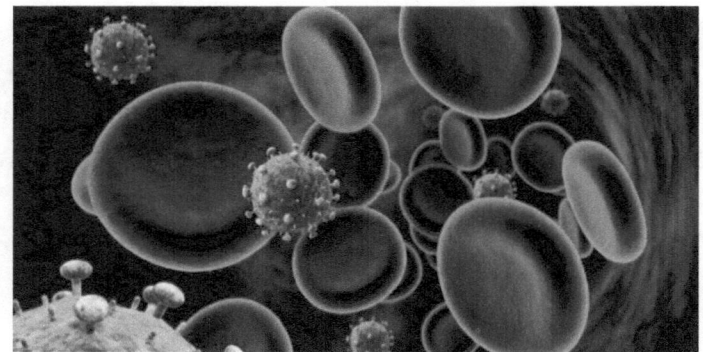

Plagas del NOM en la antigüedad y en el futuro

Otra estrategia utilizada a través de los tiempos ha sido la distribución de las plagas entre los pueblos del mundo. Los profesionales médicos han sido los agentes más efectivos en los rituales sangrientos, y estremecerá al mundo desde sus mismas fundaciones si se llegase a conocer la historia completa de su malevolencia.

Y, también otras clases de individuos malignos operando a petición de la "Hermandad de la Serpiente - Brotherhood of the Snake". Estos criminales vampíricos todavía están operando en las calles de todas las ciudades importantes, torturando a sus víctimas y ofreciéndolas en sacrificio a los *Macrobios* Oscuros.

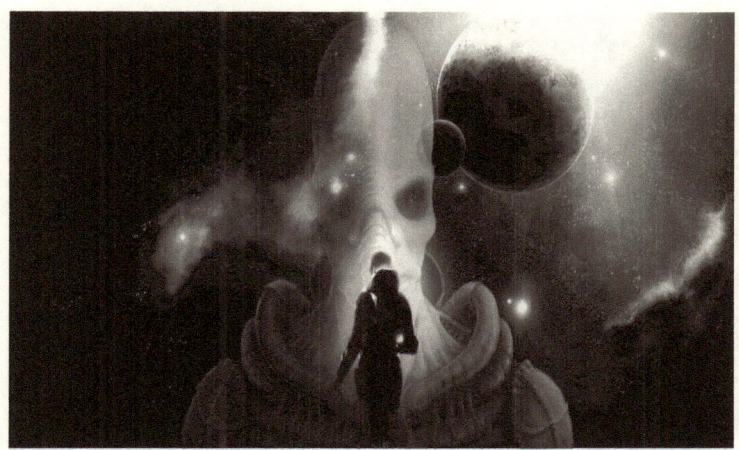

El Control mental es un método el cual hace mucho ha sido refinado por los Amos Ocultos, y ellos lo usan constantemente y de distintas maneras. Muchos de los ahora supuestos "asesinos en serie" están ejecutando, consciente o inconscientemente actos que tienen sus raíces en el más oscuro de los rituales.

Cuando los **Macrobios** fueron contactados, ellos enfatizaron que no era suficiente la mera matanza. Las muertes habían de ser conducidas en un estilo ritualístico. Esto significa que el método de matar es importante, pero lo es también el lugar de la ejecución. Y este último punto es muy importante.

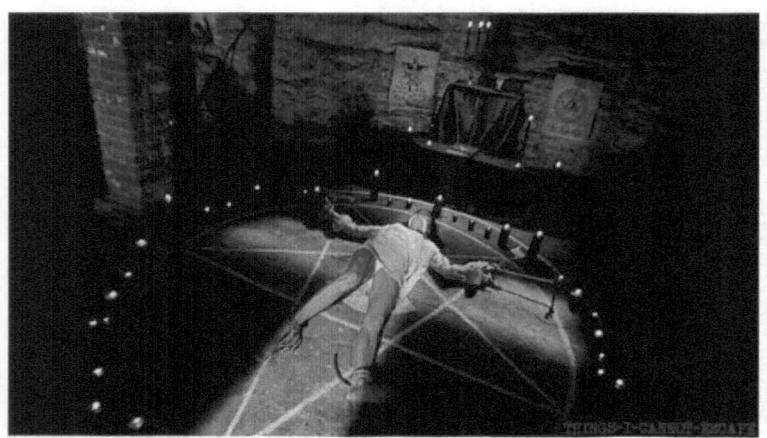

Si una víctima no es ritualmente asesinada, sus energías no pueden ser absorbidas por los *Macrobios*. Por ejemplo, los soldados (una de la mejor clase de víctimas para el sacrificio) son adornados con antiguos símbolos ocultos (como pentagramas y bellotas, etc.) en su ropa, no para que parezcan guapos, sino que son correctamente "marcados" cuando ellos entran al lugar de la misa negra. La caballería estadounidense, por ejemplo, usó el símbolo de las espadas cruzadas, que es un símbolo oculto para la guerra del Armagedón.

Como un recordatorio del nivel de atrocidades y naturaleza demoníaca de los generales, refiero al lector a las características de las películas clásicas como "Senderos de Gloria," el "Triturador Morant, y Dr. Who": Juegos de Guerra, Génesis de los Daleks, Estado de Decadencia, y también Iluminación.

DIANA DEATH: ANOTHER COVER-UP

Coroner says she will not reveal Charles and Philip secret papers

Muchos asesinatos modernos son cometidos en importantes sitios sobre la Rejilla de la Tierra, lo que constituye un asesinato ritual (véase Los Crímenes de Jack el Destripador", así como las ejecuciones de John Fitzgerald Kennedy y Lady Diana Spencer). Lady Spencer fue asesinada de manera ritual, exactamente el mismo día que Jack "The Ripper" un grupo de "vasallos reales" mató a su primera víctima, el 31 agosto. Este es también el día cuando la constelación de "Virgen" (Virgo) desciende debajo del horizonte hacia el bajo mundo. Virgo está conectado con ilustres mujeres y madres.

Los "Asesinatos del Destripador" fueron cometidos a petición de las Logias Masónicas de Inglaterra. El Autor Steven Knight, quien expuso los nombres detrás de esto, así como la razón para las atrocidades, murió dos años después de que su libro

"La Hermandad – The Brotherhood" saliera. Su muerte jamás fue satisfactoriamente explicada. John F. Kennedy también fue asesinado en el cruce de tres calles, a la posición astrológica como el signo N° 13, Ophiuchus, el cual existe entre Escorpión y Sagitario. En tiempos antiguos, héroe que descendió al "Infra Mundo" en este punto fue conocido como el "Viajero".

Sugestivamente, este era el nombre codificado para John F. Kennedy, como era usado por su servicio secreto. (Los secretos del asesinato del presidente están detallados en Called to Serve, la biografía del Lugarteniente Coronel James "Bo" Gritz).

Muchos asesinos en serie matan entre siete y trece víctimas antes de que sean repentinamente "atrapados".

El lector puede estar horrorizado de que actividades tan infames pudieran ser permitidas y autorizadas por aquellos de *Sangre Real*. Pero una revisión de la historia, claramente demuestra que las monarquías del mundo tienen poca consciencia cuando se trata de asesinatos masivos. Sus acciones, sin embargo, tienen sentido, si nuestra teoría está correcta, que los oligarcas postdiluvianos tienen fuertes lazos con los *Nephilim* alienígenas, y que ellos han, a través del tiempo, suprimido e incluso expulsado hacia afuera los cromosomas en su perfiles de ADN.

Para el lector que no pueda comprender la clase de mentalidad conspiratoria al asesinato, no solo de individuos, sino que de culturas enteras, aquí hay unas pocas palabras a considerar:

"El estado de monarquía es la cosa más suprema sobre la tierra, ya que los reyes son, no solo los lugartenientes de Dios sobre la Tierra, y se sientan sobre el trono de Dios... puesto que si consideramos los atributos de Dios, se va cómo encajan en la persona de un rey... y disputar lo que Dios hace es blasfemia... por lo que es sedición por parte de los súbditos disputar lo que un rey pudiera hacer en la altura de su poder.

Yo no haré que usted interfiera con mis derechos tan antiguos, puesto que los he recibido de mis predecesores."
(James I, Rey de Escocia e Inglaterra)

Culto a Moloch/Saturno

Saturno (mitología)

[editar]

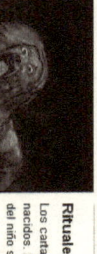

Rituales

Los cartagineses ofrecían a Saturno el Africano (véase Ba'al Hammon) los sacrificios humanos, concretamente niños recién nacidos. Estos sacrificios, según la tradición patrística, eran acompañados por flautas y tambores, haciendo tal ruido que los gritos del niño sacrificado no podían oírse (véase Molk).

Moloch

Para el personaje de videojuegos, véase Moloch (Mortal Kombat).

Moloch o **Molech Baal** o **Baal**. Dios de los fenicios, cartagineses y cananitas. Era considerado el símbolo del fuego purificante, que a su vez simboliza el espíritu. Se le identifica con Cronos y Saturno.

Como resultado de una catástrofe ocurrida en el despertar de los tiempos, el espíritu de Moloch se había transformado a sí mismo en oscuridad al convertirse en materia. De acuerdo con las creencias fenicias y la herejía gnóstica, el hombre era la encarnación de esa misma tragedia, y para redimirse de ese pecado era necesario ofrecer sacrificios a Moloch.

Baal

Baal (semítico cananeo; *Ba'l* [ba'al], *señor*) era una divinidad (probablemente el Sol) de varios pueblos situados en Asia Menor y su influencia: fenicios (asociado a Melkart), cartagineses, caldeos, babilonios, sidonios y filisteos. Su significado se aproxima al de "amo" o "señor". Era el dios de la lluvia, el trueno y la fertilidad. En la Biblia Baal (בַּעַל **Ba'al**) es uno de los falsos dioses, al cual los hebreos rindieron culto en algunas ocasiones cuando se alejaron de su adoración a Yahveh. Fue adorado por los fenicios como el dios más importante de su panteón.

Molk

Molk es un rito religioso característico de la religión cananea, continuado por otros pueblos de Oriente Próximo, entre ellos, los fenicios, los hebreos y los púnicos. Se practicaba en honor al dios Moloch y consistía en el sacrificio, por cremación, de un hijo recién nacido en perfectas condiciones. Se celebraba en un recinto al aire libre, diferenciado de templos y cementerios, y las cenizas eran guardadas en vasijas y enterradas en el tofet. El mejor estudiado y documentado es el de Cartago.

El rito procede del mundo semita y los hallazgos de Cartago apoyarían la idea de que el molk, como sacrificio cruento, era conocido desde antiguo en Fenicia y desde allí se había difundido por el vecino Israel y el occidente fenicopúnico, hasta Cartago y sus colonias.

Uno de los autores que ha tratado con más conocimiento el tema, ha sido de Vaux (1964). La opinión de la mayor parte de los estudios, viene a sostener que dichos sacrificios nada tenían que ver con cuestiones como el infanticidio y la presión demográfica. Esto resultaba particularmente pertinente cuando se establecía una relación entre el molk y el sacrificio de las primicias, por la que se consideraba que tales holocaustos habrían de afectar de forma especial a los primogénitos.

Tofet

Tofet es un lugar cercano a Jerusalén donde, según el Antiguo Testamento, los cananeos sacrificaban a niños al dios Moloc, quemándolos vivos. Se cree que es un lugar específico en el Valle de la Guehena.

Por ejemplo:

"Y han edificado los lugares altos del Tofet, que está en el valle del hijo de Hinom, para quemar al fuego a sus hijos y a sus hijas, cosa que Yo (Yahvé) no les mandé, ni subió en mi corazón. Por tanto, he aquí vendrán días, ha dicho Yahvé, en que no se diga más Tofet, ni valle del hijo de Hinom, sino Valle de la Matanza, y serán enterrados en Tofet, por no haber lugar". (Jeremías, 7, 31-32)

saturno es moloch

Los historiadores prefieren ignorar tal lenguaje como mera exageración o retórica, los delirios de megalomanías. No obstante, a la luz de nuestra tesis actual, estas siniestras palabras significan mucho más. La cita de arriba dice que el "derecho divino" ha sido heredado desde los tiempos antiguos, y el tema del linaje es parte de esto. Pero son políticas ciertamente humanas, no divinas, ya que ningún dios digno de veneración podría ser el autor y transmisor de tales poderes.

Muchos reyes afirman descender de los antiguos linajes. Carlomagno, por ejemplo, usaba el título "David" para reivindicar su descendencia del Rey Israelita. Los reyes portaban coronas, y la palabra corona viene de Cronos (Kronos, Janus, Crom, Chaos, etc.), lo cual era el nombre antiguo para el planeta Saturno. De alguna manera, el planeta Saturno y su simbolismo se confundieron con aquel de Tiamat, el que se pensaba, era el segundo sol que había a la tierra.

Se decía que los Reyes de la Tierra regían como Saturno, o para Saturno. Los hebreos identificaron a Saturno con Lucifer o Satán, el dios de la restricción, del materialismo, de la negatividad y del caos, que también cayó del "cielo".

"Los sumerios afirman que los primeros reyes humanos en la tierra eran los Anunnaki los descendientes de los regentes Custodios que se cruzaron con mujeres humanas. Estos cruces dieron derecho a los ascendientes semi-humanos de convertirse en los primeros monarcas en la Tierra."
(William Bramley, Dioses del Eden)

Baby-London o Babilonia
Tan pronto como estos proto celtas-fenicios-cananitas del medio este emigraron y se expandieron con el tiempo formando el imperio de Babilonia allá por los 2.000-1890 años antes de nuestra era. Establecieron sus cuarteles, religiones y rituales en lo que hoy es Irán, Iraq o Persia. Babilonia es

descrita como un lugar maligno en nuestra historia, y también como un lugar del nacimiento de civilizaciones, innovación y tecnología. Y el lector se dará cuenta que el NOM siempre está a la vanguardia de la tecnología e innovación en todos los campos...

Egipto: Batallas Faraónicas

Iraq fue de hecho el campo de batalla a partir de los 90 de otra familia que está detrás del NOM, la familia Bush, que además saqueo el museo con la intención de recuperar objetos sagrados, que ellos creen pertenecían a sus más remotos parientes en la antigüedad en Sumeria. Pero Egipto ha sido también del interés de los primos hermanos de Los Bushes que llevan dominando Europa desde hace 20 siglos, el vaticano y las familias reales germano-británicas. De hecho el saqueo de Francia, Inglaterra y Alemania en Egipto fue brutal casi durante de 2 a 4 siglos.

Después de haber controlado la parte oriental de babilonia durante un milenio, allá por los 1400-1.500 años antes de nuestra era, Egipto casi destruido y en estado de precariedad durante varios milenios resurgió bajo los linajes del antiguo NOM, al mudarse familias acadias e hicsas y derrocar varias dinastías de las familias autóctonas de Egipto en ese momento. En nuestra historia la 18 y 17 dinastía y el surgimiento de Akhenaton al poder esta obscurecido no solo por los propios egipcios sino por la historia en general.

Su poder fue inmenso y reemplazó el culto del dios Amen (SOL) por el del dios Aton (SATURNO-EL). Estos "Atonistas" se convirtieron en poco tiempo en los faraones de Egipto y destruyeron la Antigua cultura chamánicas y estelar de los nativos por una nueva versión más hermética de "sabiduría" y religiosidad. Las peores campañas militares y religiosas sucedieron en este tiempo. Las familias atonistas terminaron cambiando su domicilio en un éxodo de varios siglos que les llevaría a España (Galicia y Castilla), Inglaterra, Alemania e Irlanda.

POSEÍA UN FÍSICO FEMENINO
CON AMPLIAS CADERAS Y PECHOS

Akhenaton fue por excelencia el primer promotor del NOM en Egipto, produciendo la primera religión monoteísta, la primera tecnocracia bélica socialista-dictatorial, el primer gobierno central y una ciudad o cuartel general llamada Amarna, el templo de los templos en esa era. Que luego los hebreos llamarían el templo de Salomón. El fue en su época Dios, Jesús y Espíritu santo y su mujer entre otras, Nefertiti, la Virgen María. Muchas de las culturas y costumbres actuales en nuestra querida Europa y América incluido las leyes proceden de esta época atonista.

Juditas y Levitas portadores del NOM

Durante el periodo de castas sacerdotales y tribus religiosas egipcias en Egipto (e incluso antes) estas familias Cananitas se habían infiltrado en las 2 familias Israelitas de más relevancia conocidas como las juditas y levitas. Los Juditas eran la realeza imperante y los Levitas eran los portadores de la "sabiduría" (casta sacerdotal). Durante este periodo Judea tuvo un montón de reyes que surgieron y desaparecieron. Algunos reyes fueron buenos y otros malos o malísimos.

Los símbolos de las monedas y billetes fiduciarios (billetes y monedas de circulación común) que el gobierno (europeo, británico y americano) compran a los bancos privados con el fin de sobrevivir, proporcionan al estudioso del tema una prueba positiva en cuanto a la verdad de esta última afirmación. Por otra parte, los términos "Camp David" y "Capitol Hill" son referencias indirectas a la ciudad de Jerusalén y las tradiciones de los **levitas**. El término "*vulnerar la ley*" es una referencia a Moisés (Akhenaton), literalmente, rompiendo la "*Ley de la Alianza.*" La alfombra roja sobre la que los potentados y los políticos habitualmente caminan, representa el linaje de sangre de la antigua dinastía **luciferina** cuyos orígenes se pierden en las brumas oscuras del tiempo.

Controlados y financiados por el culto de Atón, los **Judaitas** se conformaron en aceptar a Aton (o Adonai) como su dios. Los trece niveles de la pirámide y las trece estrellas por encima de la cabeza del águila, junto con todos los demás emblemas, representan los antiguos cultos. En particular apuntan al culto solar de Atón que se oculta detrás del judaísmo, el cristianismo y las sociedades secretas como los Caballeros de Colón, templarios, masones, jesuitas, y los Illuminati.

Si nos fijamos bien, veremos en las 33 plumas el ala de águila de Aton. Este número representa el orden masónico que tiene 33 principales grados de iniciación en su estructura piramidal jerárquica.

Esta familia oculta de Aton se sienta en la parte superior de la pirámide del poder y ha operado a través de sus muchos lugartenientes, levitas, fariseos, griegos, romanos, venecianos, Hanovers de Holanda, los francos franceses, papas italianos, Realezas británicas (dinastías Plantagenet, Tudor, Stuart, y Windsor), y los conglomerados explotadores tales como la Compañía de la India Oriental-East India Company, y Russell Trust (Empresas de las colonias americanas como Virginia y Hudson Bay), que estaban detrás del "*descubrimiento*" y de los 13 estados originales de los Estados Unidos (Nueva Israel), y que poseen y controlan ambos partidos políticos en América hoy en día.

El término *Judá* significa "brillante" o "ilustre". Se refiere a los miembros de la casta levita *Gaonim*, o el culto de Atón, y no a una casta sacerdotal que llevaban sotanas negras.

(La G masónica significa GAONIM no GOD o Gran Arquitecto, es otra rama de los Illuminati)

Se refiere a la XVIII dinastía faraónica de la secta solar de Egipto cuyos descendientes se esconden bajo los nombres "israelita" y "judaita." Por eso, cuando se nos dice que "David" y "Salomón" (los que ahora conocemos como Tutmosis III y Amenhotep III) eran de la "Casa de Judá" entendemos que se trataba de una referencia no a los semitas, o los levitas y su origen étnico, sino al culto solar de Egipto y su teología.

«Aquellos que no recuerdan el pasado están condenados a repetirlo» - **Jorge de Santayana y Borrás, más conocido como George Santayana**

Roma: La Decadencia de un Imperio

A través del auto engaño igual que hacen hoy en día se expandieron estas familias como un virus a través del imperio romano, causando estragos entre las tribus itálicas que eran originariamente celtas a igual que sus primos hermanos celtas en Hispania, y otras provincias romanas. Su poder fue tal que influenciaron en política, economía y militarmente hablando a los cesares y a las familias patricias y elite romano, fueron los fundadores durante este tiempo de varios cultos y religiones como las Minerva, mitra etc. Al utilizar su poder económico traído del medio este y sus contactos, fueron capaces de crear un cuartel y red del Viejo orden mundial a través de todo el imperio romano para su control...

Los antiguos césares de Roma rara vez se dejaban ver en público con la plebe. Los modernos *Caesares*, que realmente controlan el mundo, también evitan ser el centro de atención y nunca aparecen en los medios. Su nave de estado es dirigida por otras entidades. Después de las masacres y la devastación de las fuerzas romanas en Jerusalén, los **levitas** se trasladaron a las ciudades de Jamnia, Pumbedita, y Usha, en Babilonia, y formaron sus academias talmúdicas que duraron siglos. Fue en estas ciudades que los talmúdicos cotejaron los conocimientos esotéricos adquiridos de Egipto. *Es a partir de estas ciudades que concibieron sus planes de dominación mundial*. Después de su traslado y asentamiento en Babilonia, los israelitas dispersos de clase baja y **Judaitas** del mundo sabían que mirar a las academias talmúdicas para la orientación y la educación, era no solo una buena inversión de futuro, sino también daba un estatus quo en esas sociedades que llegarían a ser judeo cristianas luego y que conocemos como el mundo occidental.

Curiosamente, los potentados a la cabeza de estas antiguas academias eran conocidos como los *Gaonim*. Estos Gaonim se consideraban príncipes del conocimiento sagrado y, como tal, tenía que dárseles la pleitesía y la mayor reverencia inimaginables. Es, por lo tanto, nuestra opinión de que estos *levíticos Gaonim*, residentes en Palestina y Babilonia, eran los descendientes del Culto aún más antiguo de Aton. Además, es nuestra opinión que la letra masónica o en cifra "G" es sinónimo de estos exilarcas autoproclamados, los *"Príncipes de la luz"* - el Gaonim. En resumen, no creemos que sea descabellado pensar que el compás y el cartabón se refirieran a los gremios del constructor y para la construcción del templo del Sol-Aton, así como a la situación socio-política del Nuevo Orden Mundial. Ya que estos atonistas fueron expulsados varias veces durante nuestra historia de varias civilizaciones como sumeria, Egipto, Grecia, Roma etc…. Y han terminado en el mundo anglosajón. Como *Ralph Ellis* ha demostrado, las pirámides de Giza fueron consideradas propiedad personal de los hicsos durante su dominio en la zona del Delta.

DAC(ito): Vencedor de los dacios.

P(ontifex) M(aximus): Jefe religioso.

GER(manico): Vencedor de los germanos.

TR(ibunum) P(lebis): Tribuno de la plebe.

AUG(usto): Augusto (personaje sagrado).

CO(n)S(ule) VI: Cónsul por sexta vez.

P(atre) P(atriae): Padre de la patria.

TRAIANO: Nombre del emperador.

IMP(erator): Jefe militar.

El titulo en la Galia de **_Pontifex Maximus_** se le daba al jefe druida por excelencia y que vestía de blanco y acarreaba una vara (mágica) supuestamente tañida del árbol más sagrado " el roble" Los romanos adoptaron esta acepción posteriormente para su líder religioso "Caesar" y más tarde el vaticano con su Pontífice "*El Papa*"

(Todos los mesías y jefes de estado desde los faraones, hasta Moisés, Jesús o Mitra acarreaban varitas mágicas. En este fresco romano de escenas cristianas, Jesús acarrea una varita para resucitar a Lázaro, En la boda de Canaán, en la multiplicación de los panes y en el hijo de la viuda)

El Vaticano: Culto a Mitras, Dagón, Saturno

A través de la influencia política del vaticano la iglesia católica romana igual que las ramas protestantes con el tiempo llegaron a ser el brazo y las manos respectivamente de los atonistas, ahora en Roma y liderados por Constantino. El papa es el vicario de Cristo. Se hace llamar el regente de la tierra hasta que regrese Jesús. Se convirtió en la principal organización del Nuevo orden, y ha sido un toma y daca el organizar todas las religiones para que se conviertan en una sola mundial y destruir la sabiduría de nuestros ancestros. El Papa y el vaticano durante siglos, siempre se han creído que eran el Vicario de Cristo y de hecho ha sido el impulsor y la base de dos guerras mundiales, en las cuales además se involucraron de lleno. Está ahora, en disputa, debido a varias guerras y batallas entre la facción anglo sajona y la vieja Europa vaticana acerca de quién y qué sociedad secreta va a dominar el mundo, el Viejo Orden Mundial de Roma, o el Nuevo Orden Mundial anglo-americano. De hecho, Esto todavía se está decidiendo hoy en día.

El vaticano sus papas y cardinales saben perfectamente utilizar la magia y simbología acadia, sumeria y fenicia. Como en las fotos se aprecia la **piña** que pertenece a símbolos de astrología y paganismo del remoto pasado sumerio y de sus ex jefes babilónicos y egipcios.

Arriba en fotos fiestas acadias y sumerias del 3,000-2,000 A.C En las religiones cristianas tanto protestantes como católicas se utiliza el símbolo del pescado o piscis, esto tiene su origen en el dios Cananita **Dagón** o Dogón del cual obtenemos en español e inglés la palabra Dragón.

El 3 de Octubre, 1213, por tratado y decreto, El Rey Juan de Inglaterra ratificó la rendición de sus reinos y tierras para cederlas al vaticano, el papa como Vicario de Cristo tiene posesión de todo y todos los seres vivientes en la tierra como tradición.

LAS DIFERENCIAS ENTRE JESUCRISTO Y EL PAPA

JESUS	EL PAPA
Era pobre	Amasa fortunas
Tenía una corona de espinas	Lleva una tiara de oro
Lavó los pies a sus discípulos	Se los hace besar por reyes
Pagaba los tributos	Los cobra
Amaba a los niños	Protege a quien los viola
Se apoyaba en un bastón de madera	Tiene un báculo de oro
Predicó la paz	Bendice a dictadores y la guerra
Se movilizaba en burro	Tiene un papamóvil blindado

Europa & Los Siglos Oscuros

Estas familias Greco-romanas ponderosas tanto financieramente como en influencias, con el tiempo se trasladaron por todas las regiones Europeas y se convirtieron en los reyes y señores feudales de antaño a lo largo de la era medieval y siglos oscuros. Este periodo medieval fue uno de los más depresivos y de más control de la iglesia romana. Durante la era de los siglos oscuros el vaticano asignaba reyes y señores bajo la autoridad de "Dios" para aterrorizar a la población europea y a los celtas, y regirlos bajo el yugo de una religión, un pensamiento y un gobierno clerical. Ni libros ni educación existían para el pueblo.

La ignorancia reinaba campante en toda Europa, y nuestros ancestros durante este tiempo solo podían pensar en resguardarse, labrar la tierra y mirar al cielo buscando respuestas de esta situación límite. Surge la fundación de los templarios por parte de Juan de Aragón y las hordas vaticano Ítalo francesas, para los bolsillos de resistencia en parte de lo que era España y Francia entre otras, para así buscar tesoros y libros valiosos guardados por tribus paganas del medio este que después vino a ser el Islam y su posterior destrucción (de los templarios) ya que comenzaron a ser un dolor de muelas después de sus incursiones a "tierra santa" y competencia desleal del vaticano y reyes europeos, al fundar los primeros colegios gnósticos, trueques, comercio y bancos o redes financieras europeas y en el Nuevo Mundo, mucho antes de haber sido supuestamente "descubierto" por Colon y el vaticano. Los Cataros son destruidos, a la vez que los últimos bastiones celtas en Dalmacia y lo que era la península Yugoslávica al final de esta era.

Fundación de los idiomas por medio de los monjes y escritorías. La inquisición, fundación de las religiones, cristianismo, judaísmo e islamismo entre otras.

El Reino de las tribus de Jacob o el Gran Reino de Gran Bretaña comandado por la era isabelina junto con el genio y científico John Dee empiezan a maquinar un plan para América llamado el Nuevo Atlantis dirigido por entidades alíen contactadas por ambos.

La Nobleza Negra & La Liga Hanseática

Los Reyes y reinas de las antiquísimas realezas de babilonia y Jerusalén se convirtieron en la nobleza negra y empezaron a dominar Europa y otras partes del mediterráneo a través de las rutas comerciales. Trabajaban al unisonó con poderosos comerciantes y crearon una red de negocios exclusiva. La mayoría de las redes templarias y de caballeros teutónicos formaron bancos y un sindicato llamado la Liga Hanseática.

Las ciudades en Europa se expandieron y desarrollaron formando cuasi países o ciudades estado.

Mientras la nobleza negra regia Europa muchos países y ciudades formaron gremios y desarrollaron bancos como el de Venecia y más tarde Ámsterdam. Con el tiempo las familias reales trasladaron el poder financiero del vaticano a Venecia, de Venecia a Ámsterdam y más tarde a Londres, donde hoy reside este poder. Durante esta época hubo una lucha financiera y militar entre el vaticano y la nobleza negra por el poder.

Gran Bretaña se alza al poder

Con William III (Guillermo tercero) tomando el poder, Inglaterra se convierte en el país que lleva las riendas de las finanzas y poderes ejecutivos del Nuevo orden mundial y tanto del viejo como el Nuevo mundo. Se realizan varios Tratados entre Inglaterra y el Vaticano. Y como hemos mencionado arriba el poder económico establecido con el banco de Inglaterra fundado por las familias templarias, y sus remanentes caballeros teutónicos se pasa de Venecia, Ámsterdam a Londres.

América se alza al poder y se hace independiente durante casi 100 años

América con el tiempo se separa de los británicos y funda su propio país. A través del siglo 19th y 20th los británicos se pasan tiempo y recursos intentando recapturar la colonia americana. Después de muchas guerras y agentes enviados para confundir y dividir a la gente Americana, Inglaterra retoma y captura Los Estados Unidos a través de ingeniería legal, fiscal y financiera por medio de corporaciones y crea incluso una moneda fiduciaria a la vez que el sistema de reserva federal .

"Dame control sobre el dinero de una nación y no me importará quién redacte sus leyes"

Mayer Amschel Rothschild (1744-1812)

Fundador de una de las más importantes dinastías capitalistas e imperialistas del mundo. Actualmente la familia Rothschild es más poderosa que cualquier nación.

ROTHSCHILD *Mayer Amschel Rothschild* establece la dinastía de las bancas internacionales de Rothschild, el negocio familiar más acertado de la historia. Forbes Magazine se refiere a él, hoy en día, como "el fundador de las finanzas internacionales". La operación de la casa Rothschild tiene su sede original en Fráncfort, Alemania. Los cinco hijos de Rothschild se trasladan fuera más adelante para dirigir dinastías y las actividades bancarias en Alemania, Austria, Italia, Francia, e Inglaterra.

Hicieron de financieros de los reyes de Europa, financiando a menudo ambos bandos de las guerras europeas con las cuales se enriquecían. La **Revolución Francesa y Americana** financiadas desde la raíz por ellos desató una orgía de asesinatos y de terror. Justo después de la independencia Americana vino la francesa entre 1789 - 1799.

Residencia Familiar en Fráncfort de los Rothschild o escudos rojos askenazis.

"Allí donde había algo en que ganar, ya fuera comisión o expedición, ya se tratase de ropas o de vinos, o bien de artículos para los cuales había sido establecida la libertad de comercio, allí estaba presente la Casa Rothschild".
Conde Corti

Lionel, primer hijo varón de Nathan, se forja una reputación de excéntrico al tener canguros en su jardín y un carruaje tirado por cebras. Además de ser un personaje clave del movimiento sionista por ser cercano a Chaim Weizmann (líder del movimiento y futuro presidente del Estado de Israel).

"Las colonias habrían dado de buena gana el pequeño impuesto sobre el té y otras cuestiones de no haber sido la pobreza causada por la mala influencia de los banqueros ingleses en el Parlamento, lo que provocó en las Colonias el odio hacia Inglaterra y la guerra revolucionaria."

Benjamín Franklin (Embajador a Gran Bretaña y Agente secreto británico con el nombre código Moisés)

LA REVOLUCIÓN FRANCESA Y EL REINADO DEL TERROR

La Revolución Francesa es un período de agitación radical en Francia. A diferencia de la revolución de América, que puso límites en poder al gobierno, los radicales ateos del poder de la búsqueda de Francia. Su grito de guerra de la "libertad, Fraternidad, e igualdad" son las palabras vacías que atraen a las multitudes crédulas.

Los Jacobinos (precursores de los comunistas) son desplazados con el tiempo por elementos más sensatos de la revolución. Entonces ejecutan a Robespierre.

El "directorio" controla Francia a partir de 1795-1799 mientras que las monarquías de Europa emprenden una guerra contra Francia.

Hasta el día de hoy, la casa de Rothschild y sus aliados siguen siendo la fuerza dominante detrás de finanzas internacionales, actividades bancarias centrales, globalismo, "medio ambiente", y política de izquierda radical. La familia de Rothschild de corte Judío-sionista también desempeñó un papel principal en el establecimiento de Israel en el 1900's. (Sionismo) Mayer Amschel Rothschild puede ser llamado el "padrino original" de la nueva cuadrilla del crimen del orden mundial.

Órdenes de Londres: "¡No emita su propia moneda!" 1764. <u>EL ACTO DE LA MONEDA PROHÍBE A LAS COLONIAS AMERICANAS DE PUBLICAR SU PROPIA MONEDA DEUDA-LIBRE</u> El acto de la moneda de 1764 es una acción británica que impone una política monetaria ante sus colonias americanas. El acto extiende las disposiciones del acto de la moneda de 1751 y prohíbe a las colonias americanas de publicar billete deuda-libre como moneda de curso legal. Esto crea la dificultad financiera para las colonias. Benjamín Franklin, las colonias representativas en Londres, impulsó a los británicos a rechazar el acto de la moneda.

El acto de la moneda crea la gran tensión entre las colonias y la madre patria. Cuando el primer congreso continental se reúne en 1774, se opone a la moneda que actúa como "algo subversivo de las derechas americanas" y de las quejas populares para su derogación. Es un pequeño hecho sabido de la revolución americana, de que la derecha de los gobiernos coloniales de publicar su propia moneda de deuda-libre, fue una de las causas principales de la revolución americana que vino después.

LA MASACRE DE BOSTON DEL 5 DE MARZO DE 1773 PROVOCA QUE LAS TENSIONES SE INCREMENTEN MIENTRAS QUE LAS TROPAS BRITÁNICAS MATAN A 5 COLOOS AMERICANOS. El aumento en las tropas británicas desplegadas en Boston lleva a una situación tensa que entra en erupción dando reyertas entre los soldados y los civiles ansiosos por la libertad. Envían tropas británicas a Boston en 1768 para ayudar a funcionarios a hacer cumplir los actos de Townshend, una serie de leyes aprobadas por el parlamento británico. El propósito de los actos de Townshend es gravar impuestos injustos a las colonias sin su aprobación.

LA TEA PARTY DE BOSTON 16 DE DICIEMBRE DE 1773 LA FIESTA DEL TÉ DE BOSTON REBELDE AMERICANO DE LOS COLONOS CONTRA IMPUESTOS Y MONOPOLIOS BRITÁNICOS Esta acción en Boston es una acción de los colonos de Massachusetts, contra el gobierno británico y el monopolístico East India Company que controlaban todo el té que entraba en las colonias. Después de que los funcionarios de Boston consiguen devolver tres cargamentos de té gravado a Gran Bretaña, un grupo de colonos, vestido como indios americanos, sube a las naves y destruye el té lanzándolo al puerto de Boston. La TEA PARTY es la culminación de un movimiento de resistencia contra el acto del té, y la soberanía americana que había sido aprobado por el parlamento ingles en 1773.

Los colonos se oponen al acto del té por una variedad de razones, especialmente porque viola sus derechos de libertad y libre comercio en las colonias. En pocas palabras es una rebelión contra los monopolios patrocinados por el estado (los British East de India Company).

El imperio Rothschild empieza a expandirse ampliamente en los Estados Unidos alrededor del año 1791 cuando el secretario de la Tesorería estadounidense,

Alexander Hamilton, un agente de banqueros europeos infiltrado en el Tesoro estadounidense (según el Proyecto de Historia Moderna), empuja, a través del Congreso, a la redacción de un Acto de Banco que establece el Primer Banco de los Estados Unidos, una empresa privada parecido al Banco de Inglaterra, que tiene la responsabilidad exclusiva de la emisión de moneda con el fin de manejar la situación financiera del país, saldar las deudas que tiene desde la Guerra de Independencia y establecer una moneda estable.

Los populistas agrarios identificaron a la institución como una entidad de provecho y riqueza, un enemigo de la democracia y los intereses de la gente común. Las discrepancias sobre los asuntos del banco se acrecentaron de tal manera que su decreto no pudo ser renovado en 1811. Dado el apoyo que brindó a su creación y los intereses que tiene en él, convirtiéndole en el banquero europeo oficial del Gobierno de EE.UU.

Nathan Rothschild objeta la negación del decreto de renovación amenazando al país de las peores consecuencias: "O bien la solicitud de renovación de la Carta se concede, o Estados Unidos se encontrará en una guerra más desastrosa." Luego ordena a las tropas británicas "enseñen a estos insolentes estadounidenses una lección. Traerlos de vuelta a la condición colonial." Esto provoca la guerra de 1812, la segunda guerra con Inglaterra, lo que facilita la rechartering del Banco de los Estados Unidos. La guerra eleva la deuda nacional estadounidense de $ 45 millones a $ 127 millones.

El 25 de septiembre de 1978, George Washington contestaba a su tocayo Snyder, con una escueta carta, en la que se disculpaba sobremanera por no haberle agradecido con anterioridad el libro que tuvo la bondad de enviarle. Y prosigue textualmente:

"Estimado Señor: Obtuve su favor del (día) 17 (…); y mi único motivo fue el problema con la recepción de esta carta, es para explicar y corregir un error, el cual yo percibo con un cierto riesgo que me obliga a menudo a escribir cartas en las que siento la obligación, a menudo, de escribir, por algo que me ha conducido a ello.

No fue mi intención poner en duda que las doctrinas de los Illuminati y los principios del jacobinismo (masonería de iluminados franceses) no se habían extendido en los Estados Unidos. Por el contrario, nadie está más satisfecho de este hecho que yo."
George Washington

"Si el pueblo americano permite alguna vez que los bancos privados controlen la emisión de su moneda, primero por la inflación, y luego por la deflación, los bancos y las corporaciones que crecerán alrededor de ellos privarán al pueblo de toda propiedad hasta que sus hijos despierten sin casa en el continente que sus padres conquistaron… Creo que las instituciones bancarias son más peligrosas para nuestras libertades que los ejércitos permanentes… El poder de emisión debería ser arrebatado a los bancos y restaurado al Gobierno, a la que pertenece propiamente". **Thomas Jefferson**

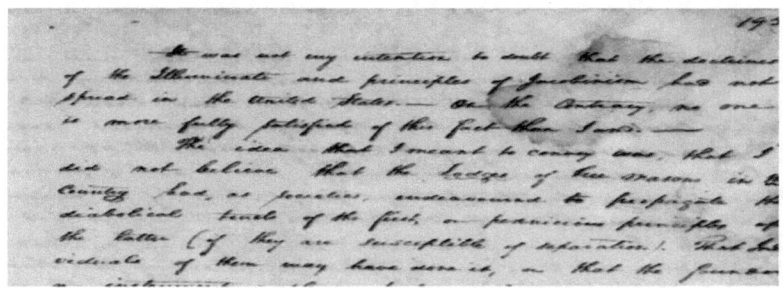

EL 1 DE MAYO DE 1776. PRIMERO DE MAYO ADAM WEISHAUPT ESTABLECE LA ORDEN SECRETA DEL ILLUMINATI Adam Weishaupt, profesor Alemán y jesuita, forma la orden del Illuminati el 1 de mayo de 1776 en Baviera (Alemania). Un agente de las casas reales europeas y pagado por los Rothschild, que también se basa en Alemania. Weishaupt (nombre código **Spartacus**) recluta las élites ricas para su sociedad secreta. Los Illuminati se infiltran en las logias masónicas, gobiernos y órganos de la monarquía que sirven como cubierta para sus actividades.

Thomas Jefferson escribió la Declaración de la Independencia. 4 DE JULIO DE 1776.

LA DECLARACIÓN DE INDEPENDENCIA SE FIRMA EN PHILADELPHIA

Escrito por Thomas Jefferson y firmado por 56 patriotas americanos, la Declaración de Independencia rompe con la hegemonía de Gran Bretaña, y dispuso el ideal que los gobiernos existen para proteger y para servir a la gente, no para controlarla. Los fundadores de América creen que los derechos vienen de dios, no del gobierno. La libertad y la prosperidad existen cuando se restringe al gobierno, su tamaño y poder. El gobierno descentralizado, limitado, una fundación moral, una moneda de deuda-libre, un respeto por los derechos de la propiedad privada, e impuestos mínimos representa lo contrario de lo que abogan los revolucionarios franceses y marxistas de los Illuminati y del Nuevo orden mundial.

Los Estados Unidos actuaron originalmente bajo artículos de la confederación. 1781-1788

Elaborado durante los años de la guerra, y ratificado en 1781, los artículos de la confederación y la unión permanente establecen a un gobierno descentralizado para las colonias. Incluso durante la guerra, estos hechos dividieron a los fundadores de América. Aunque todos los fundadores creen en la libertad y el gobierno limitado, un campo (los federalistas) prefiere a un gobierno central más fuerte para ayudar a organizar los asuntos de la nación. El otro miedo del campo (los anti-federalistas) que cualquier gobierno americano centralizado pudo ser corrupto y peligroso a la libertad de la gente. La constitución de los E.E.U.U. limita estrictamente el tamaño y el poder del gobierno federal.

Masones y su mano escondida

Stalin · George Washington · Napoleon Bonaparte · San Martin · Karl Marx

Wolfgang Amadeus Mozart · Marqués de Lafayette · Salomon Rothschild · Francisco de Miranda

Casualidades o Causalidades

Jorge Bergoglio (Francisco) Foto tomada en subterraneo de Buenos Aires (2008)

Simón Bolívar

El Papa Francisco

El líder militar Napoleón Bonaparte emerge del caos revolucionario francés para restaurar el orden. Se instala como primer cónsul en 1799. Las familias reales de Europa continúan emprendiendo una guerra en Francia. Gran Bretaña, Rusia, Austria, Prusia, y España se unen a la oposición contra Napoleón. Las guerras, que van a mas, se conocen como las *guerras napoleónicas*, Aunque Napoleón no comenzó estas guerras sino que las heredó. Después de victorias imponentes, Francia se establece como el poder continental principal de Europa y construye alianzas de mutuo propio.

La Trinidad: Viejo vs. Nuevo Orden Mundial

Hoy en día tenemos el axis o eje de la Trinidad o de los 3 grandes poderes del Viejo y Nuevo mundo; tenemos por un lado al Vaticano e Inglaterra en Europa y por otro a los masones y elites de América como los principales jugadores de esta partida del Nuevo Orden Mundial. Obviamente no todos estos 3 estados se ven en la superficie del NOM. Son estados que son utilizados y controlados por los jefes del NOM. Los 3 son manipulados desde la city de Londres, el distrito de Columbia y Las cloacas del Vaticano, este último, un estado aparentemente cristiano.

Los fundadores americanos sabían que la "democracia" da lugar a la regla de multitud, en la cual una "mayoría" de gente puede ser manipulada en la votación por la riqueza de la gente productiva. Bajo una constitución, los impuestos y el gasto estatal son mínimos, y solamente el oro y las monedas de plata se reconocen como moneda. No hay autorización para impuestos gravados sobre la renta, las actividades bancarias centrales, o los esquemas de la asistencia social.

La constitución y sus enmiendas de las 10 originales (la Declaración de Derechos) sirven como un correo en crecimiento y poder del gobierno, y garantizan libertades personales, tales como el derecho al discurso libre, el derecho de llevar armas, y derecho de no vulnerar la privacidad de la gente. Los Estados Unidos se fundan como una república constituyente (Estado de Derecho), y NO "democracia socialista o comunista" (regla de la mayoría manipulada).

Washington en esta pintura claramente con atuendo masón en una alegoría de la Independencia. Más de 30 de los firmantes eran masones y agentes de Gran Bretaña, el eje del NOM

LA FAMILIA DE ROTHSCHILD FINANCIA SIN AYUDA LA GUERRA CONTRA NAPOLEON

De su base en el distrito financiero de Londres, city of London, ("la ciudad") Nathan Rothschild financia la guerra para derrocar a Napoleón. Envíos de oro a países Europeos y también de los ejércitos de mercenarios liderados por el duque de Wellington y aliados de Gran Bretaña. Los hermanos de Rothschild coordinan sus actividades a través del continente europeo, y desarrollan una red de agentes, de expedidores, y de mensajeros para transportar el oro a través de Europa destrozada por la guerra. La combinación del dinero de los Rothschild, la mano de obra aliada, y un invierno ruso duro prueban ser demasiado para el ejército napoleónico francés. Los Rothschild se forran en la bolsa de valores y ejercen control económico de Inglaterra justo después de Waterloo al saber el resultado de la Guerra.

Los generales de Napoleón lo fuerzan a abdicar en 1814. Rey Louis XVIII se instala como regente de Francia. Exilian a Napoleón a la isla de Santa Elena perdida en el atlántico Sur, donde le dan autoridad sobre los habitantes de la isla 12.000. Napoleón morirá de envenenamiento por arsénico en 1821 para que mantenga la boca cerrada del tejemaneje de los Illuminati.

ASESINATO POLITICO

Según ben weider napoleón Bonaparte
fue asesinado por envenenamiento
Con arsénico según el napoleón fue
envenenados por monarquios británicos
Y franceses quienes querían sacarlo
de la jugada. Weider ofrece como eje
de su hipótesis el analisis del cabello

¡DESPIERTA!

Esa es la consigna contra el Nuevo Orden Mundial del señor
Alex Jones, un periodista americano listo y regordete, con una
voz perfecta para intimidar a banqueros y políticos, y

desenmascarar sus maniobras asesinas encubiertas, como viene haciendo con entusiasmo sobre todo desde la masacre del 11-S. Lo hace por medio de su programa de radio, sus películas y su conocida página web www.InfoWars.com. Lo que diferencia a este periodista del tropel de charlatanes que sólo quieren lucrarse con el tema, es su veracidad y buen hacer: En sus documentales, como *América: Despierta (2000), 9/11: Camino a la Tiranía (2002), Dictadores Americanos (2004) o El fraude de Obama (2009),* hay un trabajo contrastado apoyado en hechos y cientos de pruebas y datos comprobables con testimonios veraces y un gran esfuerzo periodístico.

¿Cuál es su defecto?

El defecto de Alex Jones, ser demasido fascista en muchas s deus posiciciones, una lástima, últimamente se venden demasiados "investigadores"

CAPITULO IV
¿Cómo Nos Controlan?

El mundo no funciona como la mayoría de la gente piensa. Los gobiernos no dirigen el mundo. El mundo está dirigido por personas que operan por encima de los gobiernos y fuera de la ley. Las sociedades secretas nos han manipulado influenciando todos los aspectos de la vida durante mucho tiempo.

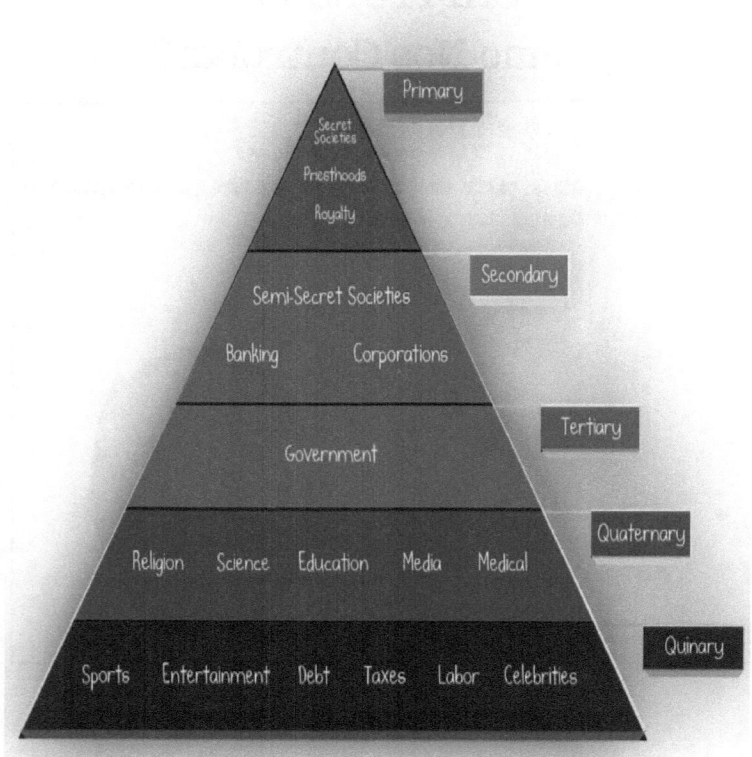

El NOM funciona como una pirámide de poder. En la parte superior es donde la mayoría de la energía reside y mientras que bajas la pirámide hay menos y menos energía. Hay muchos niveles diferentes y este gráfico se ha desglosado para darte una visión global de los 5 niveles.

¡SOCIEDADES SECRETAS EXISTEN DE VERDAD!

El primer ministro británico Benjamín Disraeli, ya avisaba de estas agencias negativas para el progreso de la humanidad, que maquinaban el NOM hace más de un siglo precisamente en 1876 para ser más exactos, este político comentaba lo siguiente:

"Los gobiernos de hoy en día tienen que lidiar no sólo con otros gobiernos, con los emperadores, reyes y ministros, sino también con las sociedades secretas que tienen sus inescrupulosos agentes en todas partes y que pueden en el último momento desbaratar todos los planes de los gobiernos."

RED PRIMARIA

La red primaria de control cuenta con sociedades secretas, regalías y sacerdocios en el nivel superior. El mundo lleva operando con estos 3 grupos a la cabeza del control durante mucho tiempo.

Sociedades Secretas

SECRETOS

COMPARTIMENTALIZACION

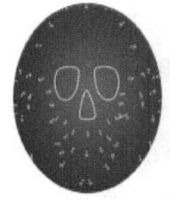

ORDO AB CHAOS

Un componente clave de las sociedades secretas es el secretismo cuando hay secretos y los temas son ajenos al observador, la gente es más controlable.

Del Caos viene el Orden. Controlan sucesos no relacionados. Pero solo cuando conectas los puntos, las cosas se hacen más claras.

Todo está dividió en una jerarquía, como una pirámide donde los de abajo no entienden lo que pasa en los niveles de arriba.

Sacerdocios

SABIDURIA

MAGIA NEGRA

RELIGION

Lo esotérico es un arma poderosa de los hechiceros del NOM. Los druidas del NOM saben cosas que tú no sabes para manipular a los humanos.

Las religiones han sido la herramienta más popular de control mental de estos druidas desde tiempos remotos.

Aristocracia

SANGRE REAL

CAMBIO DE NOMBRE

LA PUREZA DE SU SANGRE
REAL ES IMPORTANTE PARA
LOS MAGOS DETRAS DEL NOM.
ELLOS NO SE MEZCLAN
CON LO QUE DENOMINAN
"RAZAS INFERIORES"

SE CAMBIAN LOS NOMBRES
CON FRECUENCIA PARA ESCONDER
SU PASADO Y RELACIONES CON
OTRAS ARISTOCRACIAS AFINES.
CAMBIAN EL NOMBRE. ASI
LA GENTE SE OLVIDA QUIENES
SON Y SUS PLANES DE FUTURO.

RED SECUNDARIA

La red secundaria cuenta con sociedades semi-secretas, bancos y corporaciones trabajando al unisono. En este nivel se establecen sociedades semi-secretas para gobernar bancos y corporaciones que se utilizan para gobernar la política de alto nivel por encima del gobierno.

Sociedades Pantalla

CORPORACIONES

BANQUEROS

FRENTES DE CONTROL

EL IMPERIO INVISIBLE

Manly P. Hall, masón americano del grado 33 y prolífico autor, describió en su panfleto "**_Órdenes Masónicas de la Fraternidad_**": un "_Imperio Invisible_" que ha estado trabajando silenciosamente durante siglos hacia el cambio social. Periódicamente, se hizo visible a lo largo de la historia, a través de diferentes organizaciones que llevaban distintos nombres. Según él, estos grupos tienen un gran, pero silencioso, impacto en la sociedad, incluso transformando el sistema educativo para formar las generaciones futuras.

RECLUTAN A HOMBRES AFINES Y AFINES AL SACERDOCIO CON PASADO AFIN A LA ARISTOCRACIA, BANQUEROS, RELIGIOSOS Y MASONES. SOCIEDADES MÁS VISIBLES Y GRUPOS ESTILO BILDERBERG O CFR.

"El descenso directo del programa esencial de las escuelas esotéricas, fue confiado a grupos ya bien acondicionados para el trabajo. Los gremios, sindicatos y sociedades similares de protección y benevolencia habían sido internamente reforzados por la introducción de un nuevo aprendizaje. El avance del plan requería la ampliación de los límites de exagerar lo filosófico. Se necesitaba una Fraternidad Mundial.

Una Fraternidad tal no podía incluir de inmediato a todos los hombres, pero podía unir las actividades de ciertos tipos de hombres, sin reparar en sus creencias raciales o religiosas o las naciones en las que vivían. Estos fueron los hijos del mañana, cuyo símbolo era un sol ardiente levantándose sobre las montañas del este.

Las Órdenes de la Fraternidad estaban unidas por escasos y casi invisibles hilos al proyecto principal. Al igual que las más antiguas Escuelas de Misterios, estas Fraternidades no eran en sí mismas encarnaciones reales de las asociaciones esotéricas, sino instrumentos para potenciar ciertos objetivos del plan"

Sistema Financiero

   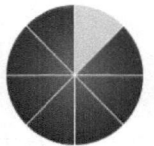   

BANCOS   **RESERVA FRACCIONAL**   **DINERO DEUDA**

CREAN BANCOS CENTRALES QUE SE NUTREN DE DINERO DE LA DROGA, EL PETROLEO Y OTROS RECURSOS ILICITOS o NO, Y CREAN SUPER MONOPOLIOS ECONÓMICOS, MILITARES Y DINERO QUE NO TIENE NINGÚN VALOR, SIEMPRE DE UN MODO INFLACCIONARIO COMO DINERO DEUDA BASADO EN LA NADA.

EL NOM QUIERE INSTAURAR UNA MONEDA UNICA SEA DIGITAL O FÍSICA. PERO SOBRE TODO TENER MAYOR CONTROL.

Países como Libia, Irán, Corea del Norte, Rusia o Cuba son o eran enemigos del FMI y los bancos de los Illuminati porque disienten a este sistema de pensamiento único, además de siempre estar fuera del sistema en cuestiones de comercio y créditos o préstamos financieros.

El "Bohemian Grove" aparte de los think tanks o laboratorios de ideas son entidades del NOM para avanzar su agenda y tener a los mejores cerebros y líderes mundiales para mejorar sus estrategias y planes de futuro. La paciencia es una virtud muy loable de los Illuminati, al contrario que nosotros los mortales comunes.

Corporaciones

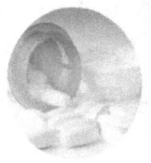

RECURSOS   **PRENSA**   **FARMACEUTICA**

LOS GOBIERNOS USAN BANCOS ILLUMINATI PARA COBRAR LOS IMPUESTOS DE LOS CIUDADANOS. LAS GUERRAS DA AL NOM CONTROL SOBRE CIUDADANOS AMPLIANDO SEGURIDAD Y MEDIDAS MÁS TOTALITARIAS. USAN TÉCNICAS PSICOLÓGICAS PARA CONTROLAR A LA POBLACIÓN A TRAVÉS DE LA MEDICINA Y LA PRENSA.

LOS SERVICIOS DE INTELIGENCIA EN SU MAYORIA TIENEN AGENTES DEL NOM, LOS CUALES REUNEN INFORMACIÓN PARA AVANZAR EL NUEVO ORDEN Y ADEMÁS CON OPERACIONES QUE SE ESTABLECEN PARA CONTRILAR INDUSTRIAS Y REGULARLAS A TRAVÉS DE LA MONOPOLIZACIÓN.

RED TERCIARIA

El nivel terciario implica el uso de gobiernos en todo el mundo. A través del gobierno, el NOM usa su poder sobre el pueblo y otras naciones.

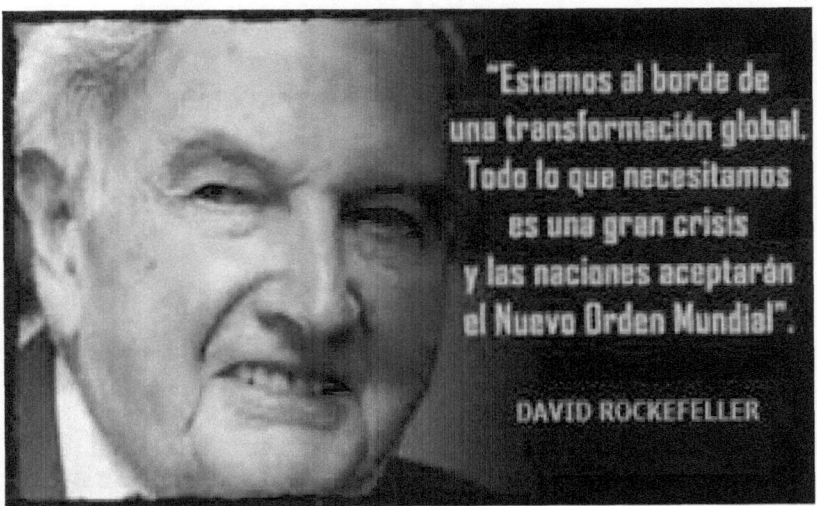

"Estamos al borde de una transformación global. Todo lo que necesitamos es una gran crisis y las naciones aceptarán el Nuevo Orden Mundial".

DAVID ROCKEFELLER

RED CUATERNARIA

RELIGIONES -   EDUCACION   CIENCIA

La red cuaternaria se utiliza principalmente para controlar a la mayoría de las personas que ya están controladas a través del gobierno. Varias instituciones se activan para controlar las mentes de personas y varias herramientas y técnicas se utilizan para parar a los disidentes y para reorientar su frustración si hacen algo.

LAS DROGAS SON UNA HERRAMIENTA DEL NOM PARA MANTENERNOS DÓCILES Y OCUPADOS. COMIDAS BASURA Y TRANSGÉNICAS ADEMÁS DE QUE LA MAYORÍA DE LAS VACUNAS SUPUESTAMENTE PUEDEN LLEGAR A SER INEFICACES.

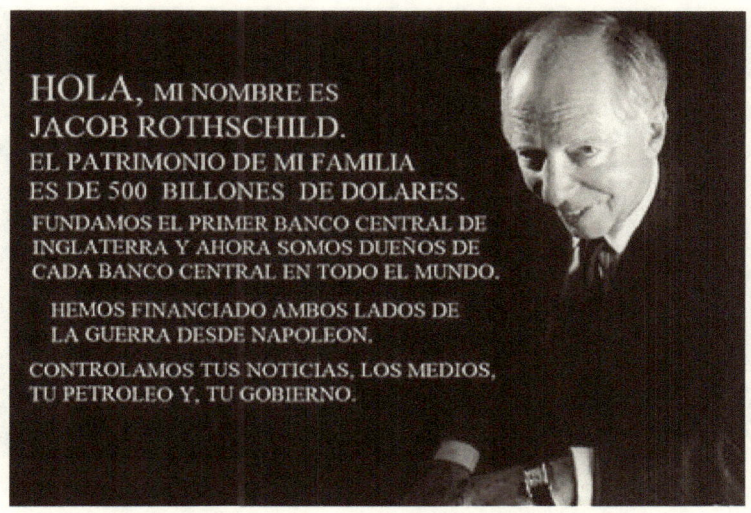

HOLA, MI NOMBRE ES
JACOB ROTHSCHILD.
EL PATRIMONIO DE MI FAMILIA
ES DE 500 BILLONES DE DOLARES.
FUNDAMOS EL PRIMER BANCO CENTRAL DE
INGLATERRA Y AHORA SOMOS DUEÑOS DE
CADA BANCO CENTRAL EN TODO EL MUNDO.

HEMOS FINANCIADO AMBOS LADOS DE
LA GUERRA DESDE NAPOLEON.

CONTROLAMOS TUS NOTICIAS, LOS MEDIOS,
TU PETROLEO Y, TU GOBIERNO.

LAS RELIGIONES MENORES Y LAS SECTAS CONVENCEN A LOS ADEPTOS, A PENSAR DUALMENTE EN VEZ DE VER EL CONTRASTE Y VARIEDAD DE LA ENERGÍA DEL UNIVERSO LA CREATIVIDAD BRILLA POR SU AUSENCIA EN LA EDUCACIÓN Y EL PENSAMIENTO RACIONAL Y CRÍTICO EN LAS RELIGIONES Y CIENCIA MODERNA. LA ESCUELA NO ENSEÑA A SER ÚNICO SINO A SER UNO MÁS. EL NOM PROMUEVE LA IDIOTIZACIÓN DE LA SOCIEDAD Y SU FRAGMENTACIÓN POR IDEOLOGÍA.

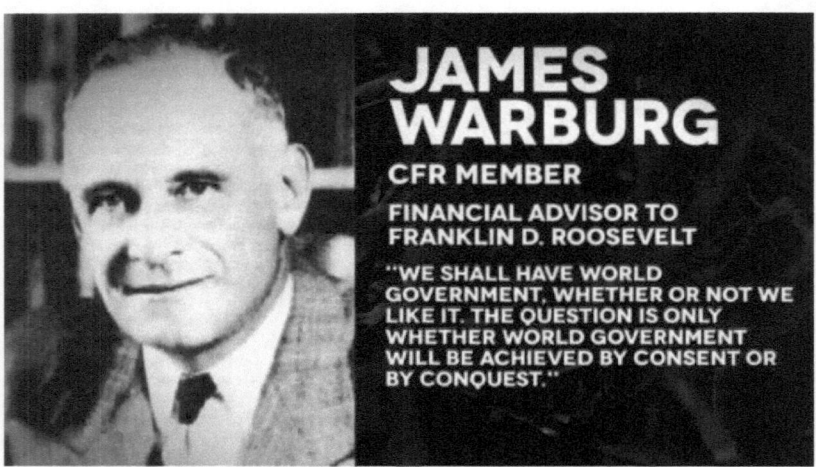

JAMES WARBURG

CFR MEMBER

FINANCIAL ADVISOR TO FRANKLIN D. ROOSEVELT

"WE SHALL HAVE WORLD GOVERNMENT, WHETHER OR NOT WE LIKE IT. THE QUESTION IS ONLY WHETHER WORLD GOVERNMENT WILL BE ACHIEVED BY CONSENT OR BY CONQUEST."

"El único interrogante de nuestro tiempo no es si el Gobierno Mundial será alcanzado o no, sino si será alcanzado pacíficamente o con violencia. Se quiera o no, tendremos un gobierno mundial. La única cuestión es saber si será por concesión o por imposición."

(James Paul Warburg)

"Estamos agradecidos con el "Washington Post", al "New York Times", la revista "Time", y otras grandes publicaciones cuyos directores han acudido a nuestras reuniones y han respetado sus promesas de discreción por casi 40 años. Hubiera sido imposible para nosotros el haber desarrollado nuestro plan para el mundo si hubiéramos sido objeto de publicidad durante todos estos años."

(David Rockefeller)

CAPITULO V

¿CÓMO LO CONSIGUEN?

Junto con su red de control, el NOM utiliza varias herramientas y técnicas para promover su control. Estas herramientas y técnicas están acopladas a una o más instituciones de control para llevar a cabo sus metas.

FALSA BANDERA   **-ISMOS**   **SOBORNO**

Para ganar más control el NOM tiene varios mecanismos como las falsas banderas u organizar eventos que aparentemente parecen haber sucedido al azahar o simplemente los actores son otros. Sabemos la frase de… "Todo el mundo tiene un precio", el soborno, el crimen organizado y operaciones encubiertas y cientos de recursos que tienen para implementar paso a paso. La paciencia, gradualismo, las cosas no pasan al momento, los socialismos, comunismos, capitalismos y derivaciones son las herramientas de NOM para ampliar y hacer gobiernos de supuesto bienestar que ellos controlan y regulan a través de grandes corporaciones y monopolios incluso nacionalizados.

Utilizan un modelo de acción-reacción-solución, en el cual ellos proveen o actúan y además dan la solución o soluciones. El NOM es un virus. Y como un virus, necesitan un anfitrión que parasitar. Así que buscan las organizaciones existentes y chupan la energía y se hacen cargo de ellas. El NOM es una mafia de crimen mundial, como la mafia italiana, harán lo que sea necesario para crecer. Su principal metodología es la subversión y la infiltración. No necesariamente quieren cambiar lo que ya está en su lugar, sólo quieren controlarlo.

LO PRIMERO ES QUE SON MUY INTELIGENTES

Tenemos que reconocer que estas personas no son idiotas. El NOM no ha obtenido el control por simple accidente. El NOM es el resultado de siglos de planificación estratégica y política al más alto nivel. Tienen conocimiento oculto y entienden por qué el mundo es como es hoy.

CAPITULO VI

ESTRATEGIA DE INFILTRACIÓN DEL NOM

El NOM entiende la naturaleza humana y entienden cómo manipular a los humanos, lo han estado haciendo durante siglos. El hecho de que no entendamos algo, no significa que no lo hagan.

1. Diseñar un plan.

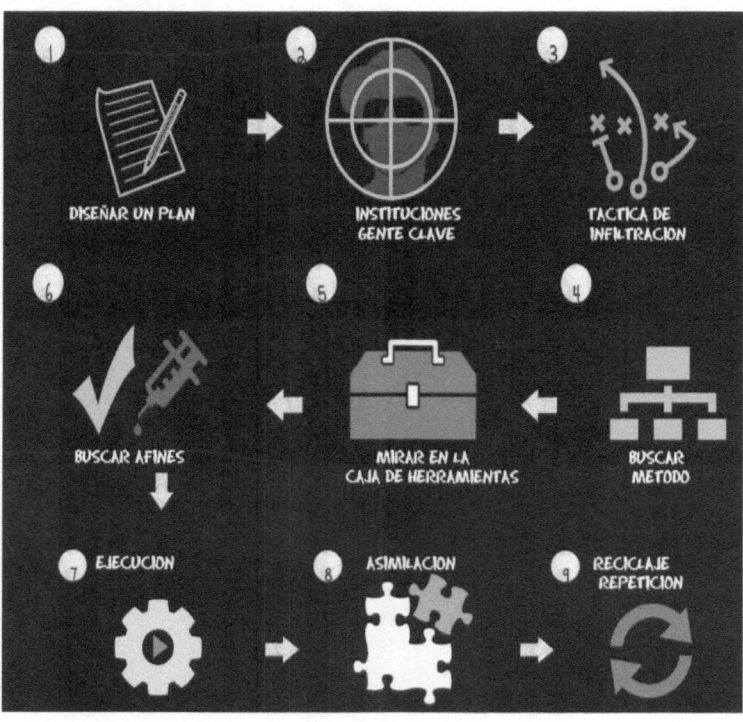

El NWO está mirando constantemente donde está el mundo actual y determinando los pasos más favorables próximos a manipular a gente en un NOM. Estas personas son como un hombre de negocios, inteligentes capaz de prever el futuro y trabajar en torno a los parámetros actuales para llegar hasta su objetivo.

2. Ir a por Organizaciones y personas clave.

Una vez que está diseñado el plan y la tarea se resuelve, se esbozan las organizaciones clave y las personas que van a ser los principales objetivos en la próxima empresa.

3. Táctica de Infiltración

Una vez que saben quién y qué objetivo ES comienzan a orquestar un plan de juego sobre las posibles formas de infiltrar a estas organizaciones y personas.

4. Buscar gente y activos afines a ellos

Después de buscar a través de su red de contactos y herramientas existentes, el NOM encuentra una coincidencia o coincidencias apropiadas para la tarea a desarrollar. A veces puede requerir que varias organizaciones en diferentes niveles trabajen juntas a través de su vinculación, otras veces sólo puede requerir un agente o dos. Depende de la tarea.

5. Buscar en la caja de herramientas

Mientras que miran a través de su red también miran en su caja de herramientas para ver qué herramientas se pueden agrupar con qué redes ideales. Ciertas herramientas son más apropiadas para ciertos escenarios y organizaciones.

El soborno o extorsión mediática funciona muy bien para los políticos y hombres de negocios, mientras que el socialismo y el gradualismo funcionan muy bien para los ciudadanos.

6. Buscar en la red un método aplicable

Comienzan mirando en su red y viendo qué sistemas existentes pueden ser usados para facilitar tal infiltración. A medida que su red crece en tamaño y alcance, se hace más fácil y más fácil hacerse cargo del control de las nuevas organizaciones.

7. Ejecución

Una vez que toda la planificación se hace lo mejor que pueden hacer es llevarla a la acción y ejecutar su misión. La fase de ejecución nunca está completamente limpia y por lo tanto utilizan organizaciones en la red, como los medios de comunicación, para asegurarse de redirigir y minimizar la oposición. Nunca es juego limpio, pero los problemas siempre se pueden gestionar y evolucionar hacia una posición favorable.

8. Asimilación

Una vez que la nueva organización es infiltrada o mientras está infiltrándose se produce un proceso de asimilación. Al igual que cuando un negocio se somete a una nueva dirección, hay un período en el que se puede poner en marcha nuevas personas y las operaciones de la organización actual pueden ser ajustadas para adaptarse mejor a la agenda de NOM. El nivel de acceso se determinará por la altura o nivel en que se encuentra en la pirámide de esta nueva operación.

9. Reciclar y repetir

Así se finaliza el proceso. Una vez que tienen la nueva organización bajo su influencia, continúan con su expansión y buscan a su próximo anfitrión para otra infiltración.

CAPITULO VII

CRONOLOGIA DEL NOM

Él NOM realmente empezó a acelerarse hace 250 años atrás. Durante este período hemos visto una gran expansión hacia un nuevo orden mundial y un gran aumento en el control gubernamental en todo el mundo, incluso si pensamos que somos libres.

1 MAYO 1776

Fundación de los Illuminati bávaros

Justo antes de la fundación de los Estados Unidos de América tuvimos otra organización que fue fundada, los Illuminati bávaros. Los Illuminati fueron fundados por un sacerdote jesuita con el nombre de Adán Weishaupt. El método de Weishaupt para ganar poder era infiltrarse en las logias masónicas existentes en toda Europa y llevarlas bajo el control encubierto de los Illuminati.

4 JULIO 1776

Fundación de Estados Unidos de América

América fue fundada por un grupo de personas que buscan escapar de la tiranía en Gran Bretaña. Cabreados con el rey y los impuestos en Gran Bretaña, América fue la consecuencia de este levantamiento y los estadounidenses se convirtieron en renegados que rechazaron el control británico.

1791-1811

Primer Banco de Estados Unidos

Poco después de la fundación de América se estableció el primer banco central. El banco se enfrentó a una fuerte oposición y después de 20 años la carta de acuerdo expiró y el banco se cerró.

"El plan original fue impregnar a la gente de esperanza y voluntad de cambio, pero las logias se habían infiltrado en el programa puesto en marcha por la Asamblea Constituyente francesa en 1789 elaborado por los alemanes Illuminati 1776". Danton, Desmmoulins, Mirabeau, Marat, Robespierre, Guillotin y otros líderes habían sido "*iluminados*"."

(Mark Booth The Secret History of the World)

1791-1811

La Revolución Francesa

La Revolución Francesa fue en realidad uno de los primeros movimientos de los recién formados Illuminati. Controlaban muchas logias en Francia y trabajaban entre bastidores para orquestar este evento.

1812

Guerra de 1812

En Europa empieza a haber movimiento y los estratos burgueses y cultos de la sociedad empiezan a formar repúblicas, España llama a las cortes de Cádiz con lo que parece un proyecto de libertad e independencia de la aristocracia asentada en España, pero mientras tanto, jesuitas e Illuminati maquinan golpes en diferentes países y territorios europeos y hacen enfrentarse al pueblo y monarquías arraigadas en la vieja Europa. En Gran Bretaña, el rey George III estaba molesto por parecer un tonto ante los estadounidenses y estaba ideando un plan para recuperar su

"*Compañía de Virginia*". La guerra de 1812 fue un intento británico de recuperar América. **Y Falló**.

18 JUNIO 1815

Los Rothschild secuestran monetariamente a Gran Bretaña

Después de la batalla de *Waterloo*, Nathan Rothschild engañó al pueblo británico para que pensara que Gran Bretaña había perdido la batalla y terminó comprando de nuevo las acciones que vendían por una fracción de su valor real.

FEB1817 – ENE 1836

Segundo Banco de los Estados Unidos

Una vez más los británicos estaban de vuelta y con la ayuda de sus agentes pudieron establecer en breve un nuevo banco central en América. Este último fue finalmente abolido por Andrew Jackson.

21 FEB 1848

Karl Marx publica el Manifiesto Comunista

En línea con los planes de los Illuminati, Karl Marx publica el Manifiesto Comunista como un paso más allá hacia el establecimiento del control global. El comunismo fue creado y comercializado para el establecimiento del Nuevo Orden Mundial junto al capitalismo como herramienta del mismo.

"Muchos estudiosos del comunismo ateísta tienen la impresión de que Marx inició el movimiento cuando escribió el

Manifiesto Comunista, cuando en realidad los incendios de la revolución comunista habían ardido en Europa por lo menos durante 75 años. "

"Churchill acusó a esta conspiración subversiva de "haber desempeñado una parte definitivamente reconocible en la tragedia de la Revolución Francesa". Sin embargo, Churchill da el primer lugar entre los revolucionarios comunistas no a Marx, sino a "Spartacus-Weishaupt"."

(Robert Henry Goldsborough Lines of Credit: Ropes of Bondage)

1861-1865

Guerra civil americana

Trastornados por fracasos pasados, Gran Bretaña hizo una vez más un movimiento para recapturar América. Los agentes británicos estaban repletos en todo el país trabajando entre bastidores para tocar las heridas americanas y dividir América. La principal fuerza detrás de la Guerra Civil fue una vez más Gran Bretaña tratando de recuperar su empresa perdida.

"Los fundamentos verdaderos de la trama para la toma de posesión de los Estados Unidos fueron planeados durante el

período de nuestra guerra civil, no que Weishaupt y los genios anteriores habían pasado por alto el Nuevo Mundo. Como ya he indicado anteriormente, Weishaupt tenía sus agentes plantados aquí desde la Guerra Revolucionaria. Pero George Washington era más que un eje para ellos.

Durante la Guerra Civil los conspiradores hicieron sus primeros estragos en América. Sabemos que Judah Benjamín, consejero principal de Jefferson Davis, era un agente de Rothschild. También sabemos que había agentes de Rothschild plantados en el gabinete de Abraham Lincoln, que trató de venderlo en un trato financiero con la Casa de Rothschild. Pero el viejo Abe se dio cuenta de la conspiración

contra los EEUU y lo rechazó bruscamente, incurriendo así en la embajada moribunda de los Rothschild, exactamente como hizo el Zar ruso cuando torpedeó su primera liga de las naciones en el congreso de Viena. La investigación del asesinato de Lincoln reveló que el asesino, Booth, era un miembro de un grupo conspirativo secreto, probablemente jesuita. Debido a que había un número de funcionarios gubernamentales muy importantes involucrados, el nombre del grupo nunca fue revelado y se convirtió en un misterio, exactamente como el asesinato de Jack Kennedy sigue siendo un misterio. Pero estoy seguro de que no por mucho tiempo seguirá siendo un misterio. De todos modos, al final de la Guerra Civil se acabaron, temporalmente, todas las posibilidades de la Casa de Rothschild para obtener un impulso en nuestro sistema de dinero, como lo habían adquirido en Gran Bretaña y otras naciones en Europa. Digo temporalmente porque los Rothschild y los cerebros de la conspiración nunca renuncian."

(Myron Fagan -Illuminati Exposed, 1967)

1871

Corporación de los Estados Unidos

Como resultado de la guerra civil, Gran Bretaña creó una nueva corporación llamada los Estados Unidos, en distinción a los Estados Unidos de América. Esta corporación se estableció en el Distrito de Columbia y hasta el día de hoy ha estado engañando a los estadounidenses soberanos a seguir los dictados de su jurisdicción.

4 ENE 1884

Creación de la Fabian Society

La Sociedad Fabiana es una organización socialista británica que fue creada para avanzar los principios del socialismo en todo el mundo.

OCTUBRE 1907

Pánico del 1907

En preparación para otro intento de crear un banco central, el Pánico de 1907 fue creado por los financieros del NOM manipulando los mercados para crear una recesión. La solución obvia a este pánico era un banco central. (Problema-Reacción-Solución)

4 MARZO 1913

Woodrow Wilson se convierte en Presidente Después de la manipulación con los candidatos que van a la presidencia de la NOM que son capaces de meter a Woodrow Wilson en el oficina oval. Wilson es un agente clave para el NOM y se utiliza para 3 movimientos claves: la Reserva Federal, el Impuesto sobre la Renta y la Primera Guerra Mundial.

"La primera guerra mundial debe ser llevada a cabo para permitir a los Illuminati derrocar el poder de los zares en Rusia y hacer de ese país una fortaleza del comunismo ateo. Las divergencias causadas por los agentes de los Illuminati entre los imperios británico y germánico serán utilizadas para fomentar esta guerra.

Al final de la guerra, el comunismo será construido y utilizado para destruir a los otros gobiernos y para debilitar las religiones."

(Albert Pike carta a Giuseppe Mazzini, 1871)

"De promedio, más de $ 5,000 se extraen de las familias cada año, no para proporcionar servicios públicos del gobierno o incluso para pagar la deuda anterior. Nada es producido por el gobierno, ni siquiera las carreteras o edificios del gobierno. Ningún bienestar o beneficios médicos salen de él. No paga sueldos. El nivel de vida de la nación no es elevado por eso. No hace nada excepto pagar intereses. "

(G. Edward Griffin - La criatura de Jekyll Island)

28 JUL – 11 NOV 1918

I Guerra Mundial

Hubo algunas tareas principales para la Primera Guerra Mundial. El zar Nicolás II fue eliminado de Rusia y el vacío debía ser llenado por el comunismo. También se intentó crear un órgano central de gobierno llamado Liga de las Naciones. La Liga de las Naciones fue finalmente rechazada por el Senado por lo que el NOM temporalmente tuvo que ponerlo en suspensión.

8 MAR – 8 NOV 1917

Revolución Rusa

Con el colapso del gobierno ruso, los bolcheviques, encabezados por el agente británico Vladimir Lenin, tuvieron la oportunidad de reestructurar Rusia bajo el comunismo.

1922

La Unión Soviética Nace como experimento

La Unión Soviética se establece como una prueba o experimento del NOM para saber cómo la sociedad trabajaría bajo el comunismo. Muchos de los problemas fueron resueltos a través de la Unión Soviética y después reenvasados como socialismo.

29 OCTUBRE 1929

CRACK del 29

Caída de la bolsa americana. Un fallo en el mercado de valores fue nuevamente creado por el NOM para comprar aún más a los Estados Unidos y pavimentar el camino para un mayor control gubernamental.

"La Reserva Federal definitivamente causó la Gran Depresión al contraer la cantidad de dinero en circulación en un tercio de 1929 a 1933" **Milton Friedman Entrevista a la Radio Pública Nacional**

1929 - 1940

La Gran depresión

La Gran Depresión fue el resultado de la manipulación bancaria y se utilizó para implementar más programas gubernamentales en los Estados Unidos. El New Deal fue un resultado primario de la Gran Depresión.

"La Reserva Federal definitivamente causó la Gran Depresión al contraer la cantidad de dinero en circulación en un tercio de 1929 a 1933"

(Milton Friedman en la Radio Nacional)

27 FEBRERO 1933

Fuego del Reichstag y Ascenso de Adolf Hitler al poder en Europa

En un esfuerzo por obtener apoyo político, el partido nazi empezó un incendio en el Reichstag alemán y lo atribuyó a los comunistas. Después del fuego del Reichstag Hitler comenzó a ser prominente y fue apoyado por muchos financieros del NOM. Hitler fue utilizado inicialmente para promover el establecimiento de un nuevo orden mundial con un "hombre nuevo", pero Hitler con el tiempo se reveló al NOM y a sus amos y él fue utilizado más adelante como catalizador para la Segunda Guerra Mundial.

"*La Segunda Guerra Mundial debe fomentarse aprovechando las diferencias entre los fascistas y los sionistas políticos. Esta guerra debe ser llevada a cabo para que el nazismo sea destruido y que el sionismo político sea lo suficientemente fuerte para instituir un estado soberano de Israel en Palestina.*

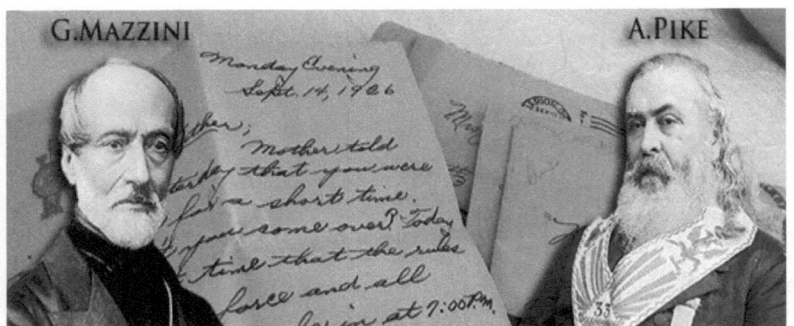

Durante la Segunda Guerra Mundial, el comunismo internacional debe ser lo suficientemente fuerte para equilibrar la Cristiandad, que entonces sería contenida y controlada hasta el momento que la necesitaríamos para el cataclismo social final."

(Albert Pike a Giuseppe Mazzini, 1871)

1939 - 1945

Segunda Guerra Mundial

La Segunda Guerra Mundial tenía una serie de metas. Los judíos fueron perseguidos para que parecieran un grupo injustamente tratado. De esta persecución surgió el establecimiento del Estado de Israel, que es un componente clave para futuros planes de NOM en la península arábica. Hitler también fue utilizado para probar un NOM, pero esta vez con un sabor nacionalista, fascista en comparación con el enfoque comunista en la Unión Soviética.

7 DICIEMBRE 1941

Bombardeo de Pearl Harbor

Como último pretexto para que Estados Unidos entrara en la Segunda Guerra Mundial, funcionarios de alto nivel en los Estados Unidos permitieron a Japón bombardear Pearl Harbor con el fin de obtener apoyo a la guerra del pueblo estadounidense.

"*El presidente Roosevelt, el secretario de Marina Stimson y el secretario de Guerra Knox sabían lo que iba a pasar al menos tres meses antes de que los japoneses atacasen Pearl Harbor. Nunca le dijeron al pueblo estadounidense o a sus comandantes en Pearl Harbor, por la simple razón de que querían atacar el lugar.*"

(Dr. John Coleman El Comité de los 300)

26 JUNIO 1945

Creación de Naciones Unidas

Lo que el NOM no pudo lograr con la Liga de Naciones y la Primera Guerra Mundial fueron capaces de lograr con la ONU y la Segunda Guerra Mundial. La ONU fue establecida para ser un cuerpo inicial para el Nuevo Orden Mundial. A medida que se expanda el Nuevo Orden Mundial, la ONU se perfeccionará para facilitar las necesidades de los Illuminati.

18 SEPTIEMBRE 1947

Creación de la Agencia Central de Inteligencia

La CIA fue una consecuencia de la anterior Oficina de Servicios Estratégicos (OSS), que a su vez fue una consecuencia de la Alemania nazi. Muchos de los científicos y pensadores clave de la Alemania nazi fueron traídos ilegalmente de Alemania a Estados Unidos a través de la Operación Paperclip. La CIA junto a los caballeros de Colón o Knights of Columbus, una orden masónica, es básicamente una mafia de alto nivel, impuesta por el gobierno, que realiza muchas operaciones secretas de control social en todo el mundo.

"La CIA y sus organismos sucesores como la Agencia de Seguridad Nacional no deben ser vistos como instrumentos para promover la seguridad estadounidense, sino como armas de los controladores planetarios para mantener su propio dominio. Estas agencias fomentan principalmente los intereses de los elitistas, incluyendo la implementación de planes de eugenesia, control social, control monopolístico de recursos y otras formas de represión de las masas en todo el mundo. "

(Jim Keith Engineering Consciousness)

1952

Creación de la Unión Europea

La UE se creó como un paso hacia una moneda mundial única. Antes de que el mundo entero se postre bajo una moneda, primero tienes que conseguir regiones y países operando bajo una moneda.

"Así como la República de Sudáfrica es realmente el feudo de los Oppenheimers y De Veers, el Estado de Israel es realmente el Estado de los Rothschild. El sionismo fue la creación de los Rothschild en nombre de la Hermandad... **"(David Icke: Biggest Secret)"**

29 MAYO 1954

Nace el Grupo Bilderberg

La primera reunión de Bilderberg se celebró en el Hotel Bilderberg en los Países Bajos el 29 de mayo de 1954. El Grupo Bilderberg es una de las primeras sociedades semi-secretas que unen a muchas otras sociedades semi-secretas. Miembros del CFR, RIIA, Comisión Trilateral, así como políticos de alto nivel y hombres de negocios, se reúnen donde un pequeño grupo de representantes de las sociedades secretas más altas como la Mesa Redonda que dirigen las discusiones sobre el mundo y laboratorios de ideas.

22 NOVIEMBRE 1963

JFK asesinado

John F. Kennedy, siendo de una familia bien culta, rica e informada, se enteró de lo que estaba pasando y quiso exponer a la Reserva Federal, así como otras parcelas del Nuevo Orden Mundial. El NOM asesinó públicamente a JFK con varios sicarios italianos, el conductor y más de una decena de personas, en un esfuerzo coordinado por la mafia vaticana, ciertos elementos del servicio de inteligencia y el FBI para que fuera una lección para otras personas en lugares altos pensando en ir en contra del NOM.

15 AGOSTO 1971

Eliminación del estándar del oro

Richard Nixon, por orden ejecutiva, desconectó completamente el dólar estadounidense del patrón oro en 1971, lo que significó que los banqueros podían ahora crear tanto dinero como quisieran, sin tener ningún activo para respaldarlo. A medida que más dinero se presta a la existencia sin activos para respaldarla, el dólar estado unidense eventualmente se va desgastando y sumerge en más deuda ficticia. Esto siempre ha sido el plan NOM.

"En ausencia del patrón oro, no hay manera de proteger el ahorro de la confiscación a través de la inflación. No hay almacén seguro de valor. Si lo hubiera, el gobierno tendría que hacer su explotación ilegal, como se hizo en el caso del oro... La política financiera del estado de bienestar requiere que no haya manera de que los propietarios de riqueza se protejan. Este es el secreto de las diatribas de los estadistas del bienestar contra el oro. El gasto deficitario es simplemente un esquema para la confiscación "oculta" de la riqueza. El oro se interpone en el camino del proceso insidioso. Se mantiene como un protector de los derechos de propiedad."

(A. Greenspan citado por G. Edward Griffin)

11 SEP 2001

América9/11 y Atentados en Madrid y Londres

Fue un evento clásico de bandera falsa orquestado por el NWO para impulsar una serie de "soluciones". Tales soluciones implementadas como resultado del 11 de septiembre, y otros eventos en Madrid y Londreshan llegado a ser el temor al terrorismo, una mayor seguridad en todo el país, más leyes gubernamentales como el Acto Patriota y por supuesto la Guerra de Iraq. De aquí el NOM crea Al Qaeda, Isis y Daesh entre otros.

OCTUBRE 2008 – HOY EN DÍA

Crisis financiera MUNDIAL ARTIFICIAL y Revolución 2.0 Americana

La crisis financiera de 2008 fue sólo un temblor de lo que está por llegar. Este fue el comienzo del resultado de quitar el dólar del patrón oro e inflarlo durante 100 años. Pronto nos enfrentaremos a una crisis aún mayor y, en este momento, el NOM podría optar por una nueva moneda, o más eventos de falsa bandera o asesinar a políticos o figuras ilustres del Brexit mundial o hacer en América y Rusia algo socialista similar a la UE.

Las elecciones entre Hillary y Donald Trump se aproximan y los insiders dan ganador al "maverick" Trump es apoyado por el establishment seguramente será el próximo presidente para iniciar el NWO.

Tal como predijo Pike, la **3ª Guerra Mundial** será cristiana contra musulmanes en lo que acabará llevando a una insatisfacción en ambas religiones donde pueden trabajar en la implementación de la nueva religión para el Nuevo Orden Mundial.

¡Manténganse atentos señoras y caballeros!

"La Tercera Guerra Mundial debe fomentarse aprovechando las diferencias causadas por el "agente" de los "Illuminati" entre los sionistas políticos y los líderes del Mundo Islámico. La guerra debe llevarse a cabo de tal manera que el Islam (el mundo árabe musulmán) y el sionismo político (el Estado de Israel) se destruyan mutuamente. Mientras tanto, las otras naciones, una vez más divididas en esta cuestión, se verán obligadas a luchar hasta el punto de agotamiento físico, moral, espiritual y económico completo... Liberaremos a los nihilistas y a los ateos y provocaremos un formidable

cataclismo social que en todo su horror mostrará claramente a las naciones el efecto del ateísmo absoluto, origen del salvajismo y de la más sangrienta agitación. Entonces, en todas partes, los ciudadanos, obligados a defenderse de la minoría mundial de los revolucionarios, exterminarán a los destructores de la civilización, y la multitud desilusionada con el cristianismo, cuyos espíritus deístas no tendrán ni compás ni dirección ansiosos de un ideal,

Pero sin saber dónde hacer su adoración, recibirá la verdadera luz a través de la manifestación universal de la doctrina pura de Lucifer, que finalmente se presenta en la opinión pública. Esta manifestación será el resultado del movimiento reaccionario general que seguirá las destrucciones del cristianismo y el ateísmo, conquistadas y exterminadas al mismo tiempo.

(Albert Pike a Giuseppe Mazzini, 1871)

"Nuestro gobierno y América en general es definitivamente y podría ser demostrado en un tribunal o juzgado americano

que está en manos de las Sociedades Secretas y las Órdenes Fraternales que se remontan a la Edad Media "

(Jordan Maxwell Matrix of Power)

CAPITULO VIII

¿QUIERES MÁS PRUEBAS?

A medida que se hacen más y más investigaciones, el plan para el Nuevo Orden Mundial suele tener más sentido. Como un rompecabezas cada vez más claro con cada pieza, cada pieza del NOM conduce a una comprensión más completa de lo que está pasando - y muchas piezas que quedan sueltas...

"La falsificación de la historia ha hecho más para engañar a los humanos que cualquier cosa conocida por la humanidad.
"Jean-Jacques Rousseau
La Historia

La historia del mundo es básicamente la historia del Nuevo Orden Mundial. A medida que aprendemos más sobre la historia y conectamos los puntos entre eventos y entidades aparentemente no relacionados, comienza a aclararse cómo estos eventos estaban realmente relacionados y quién estaba realmente orquestando estos eventos. La mayor parte de la historia que aprendemos en la escuela es la historia a nivel superficial que nunca une los verdaderos motivos y el verdadero significado detrás de los acontecimientos.

Documentos gubernamentales

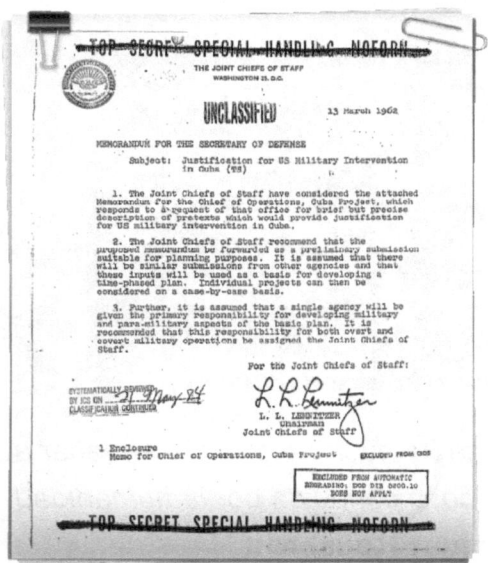

Muchos documentos del gobierno mencionan muchos planes secretos y hechos que son sorprendentes a primera vista.

Conforme pasa el tiempo, muchos documentos gubernamentales se desclasifican o se conocen de otras maneras. Muchas personas no son conscientes de que estos documentos incluso existen. Durante siglos el NOM ha estado utilizando a los gobiernos para llevar a cabo esquemas de su conspiración para un NOM y estas conspiraciones están bien documentadas.

"El resultado deseado de la ejecución de este plan sería colocar a los Estados Unidos en la posición aparente de sufrir quejas defendibles. Se planificará una serie de incidentes bien coordinados para dar la apariencia genuina de ser hecha por las fuerzas cubanas hostiles. Incidentes para establecer un ataque creíble: 1. Iniciar rumores (muchos). Use la radio clandestina. 2. Tierra amigable cubanos en uniforme "Over-the-fence" para atacar el plateu de la base. 3. Capturar saboteadores cubanos (amistosos) dentro de la base. 4. Empezar disturbios cerca de la entrada a la base (amigos cubanos). 5. Explosión de municiones dentro de la base; Iniciar incendios 6. Quemar aviones en la base aérea (sabotaje). 7. Lob cáscaras mortero de outside la base al interior de la base. Algunos daños a la instalación. 8. Capture equipos de asalto. 9. Capture el grupo de la milicia que tormenta la base. 10. Nave de sabotaje en el puerto; Grandes fuegos - napthalene [napalm]. 11. Hundir el buque cerca de la entrada del puerto. Llevar a cabo funerales para las víctimas simuladas. Operación Northwoods Declassified" **Documento americano gubernamental, 1962**

Escritos Internos

Hay muchas escrituras internas de personas de alto nivel NOM y comparten muchos de sus planes y hallazgos a lo largo de la historia. Incluso los jugadores del Nuevo Orden Mundial quieren documentar su historia y muchos de ellos codifican su escritura a través del uso de palabras, metáforas y símbolos.

Los Símbolos

Los Símbolos se utilizan por el NOM y las sociedades secretas para comunicarse con otras personas que conocen estos símbolos y para ocultar su mensaje de aquellos que no saben de qué va esto. Ellos saben si tú entiendes los símbolos. Entonces es cuando has hecho tus deberes y mereces saber lo que pasa. Pero si no entiendes los símbolos entonces es tu propia culpa por no saber y poder llegar a ese conocimiento.

"El león fue y es uno de los dos símbolos más importantes para los atonistas. Está en segundo lugar al sol. "

(Michael Tsarion Los orígenes irlandeses de la civilización, volumen 1)

"Incluso si no estás haciendo nada malo, estás siendo observado y grabado. ... está llegando al punto en el que no tienes que haber hecho nada malo, simplemente tienes que caer bajo sospecha de alguien, incluso por una llamada equivocada, y luego pueden usar este sistema para retroceder en el tiempo y Escudriñar cada decisión que has hecho, cada amigo con el que has hablado alguna vez, y atacarte sobre esa base, para sacar sospechas de una vida inocente. "

Edward Snowden

Chivatos

Hay muchos ex miembros de gobiernos e incluso de sociedades secretas que a veces hablan de sus experiencias como parte del Nuevo Orden Mundial. Estos ex-miembros tienen una plétora de información privilegiada que es valiosa para reunir las piezas del Nuevo Orden Mundial. Además la cosa no queda ahí, cuando veáis que de repente algún investigador comience a apoyar a algún partido político o "presidentucho" de tres al cuarto, sospechad de que alguien le está pagando, o algún beneficio está sacando. También existen ciertos individuos que van contando sus hazañas como si fueran proezas propias y tras colaborar contigo, y pasado un tiempo te das cuenta que gran parte de la información que te han aportado es autentica basura. O directamente que es todo falso. Un ejemplo puede ser cuando te digan que viven en un lugar del mundo, y es falso. Ellos se creen sus propias mentiras y te pueden dar lástima, pero realmente son seres que jamás van a ser auténticos seres humanos. Al contrario son los más adecuados a no conseguir nada para la humanidad, tan solo engañarán a unos cuantos y se engañarán así mismo.

Sigue el dinero

Las personas que controlan el dinero suelen tener mucho poder. Mira quiénes son las familias más ricas y cómo se hicieron ricos. Mira quién controla el dinero y la creación de él. Estas son las personas que tienen las cartas. No los encontrarás en las listas del top 100 de Forbes.

"Denme el control de la fuente de dinero de una nación y no me importa quién hace las leyes." **Mayer Amschel Rothschild**

SOLUCIÓN 1.0

¿Cómo detener el nuevo orden mundial?

El NOM ha ido creciendo lentamente cada vez más alto a lo largo de la historia. Gran parte de nuestra vida cotidiana está orquestada y bajo el control del NOM. Pero con todo este control que tienen todavía hay esperanza y todavía hay soluciones. Después de todo, el NOM sólo tiene poder mientras la gente permanezca dormida. Cámbiate a ti mismo, se activo y toma acción, no cooperes con medidas injustas, pide menos gobierno y regulación, y pasa el mensaje. El NOM sólo puede existir mientras haya un anfitrión ignorante y necesitado para suministrarles energía. Tan pronto como la gente despierte y descubra su verdadero poder, sabiduría y propósito, el NOM no existirá más y la libertad se oirá en todo el mundo.

Continuará en el siguiente volumen sobre los hallazgos científicos de los Illuminati y tecnología de los dioses…

★★★ Más información: www.lavozdelviento.es

BIBLIOGRAFIA Y FUENTES CITADAS

Quinton Figueroa-Rule by Ignorance 2012

Jordan Maxwell-The matrix of Power 1988

Jimmy Marrs-Rule by Secrecy 2001

M S King and Jeff Rense-Planet Rothschild2009

H. G. Wells -The New World Order 1940

★ Libros: en Lulú y Amazon:

▶ Series Illuminati Vol. 1

https://www.amazon.es/dp/1546429751

Más buscando Moisés Rojas en Amazon